novum pocket

Alexandra Lottner

Meine blinde Hündin Messina

Eine wunderbare Geschichte über eine wunderbare Hündin

novum pocket

Bibliografische Information
der Deutschen Nationalbibliothek:

Die Deutsche Nationalbibliothek
verzeichnet diese Publikation in der
Deutschen Nationalbibliografie.
Detaillierte bibliografische Daten
sind im Internet über
http://www.d-nb.de abrufbar.

Alle Rechte der Verbreitung, auch
durch Film, Funk und Fernsehen, fotomechanische Wiedergabe, Tonträger, elektronische
Datenträger und auszugsweisen
Nachdruck, sind vorbehalten.

Gedruckt in der Europäischen Union
auf umweltfreundlichem, chlor- und
säurefrei gebleichtem Papier.

© 2023 novum Verlag

ISBN 978-3-99010-681-5
Umschlagfoto: Alexandra Lottner
Umschlaggestaltung, Layout & Satz:
novum Verlag
Innenabbildungen:
Alexandra Lottner
Autorenfoto: Alexandra Lottner

www.novumverlag.com

Vor über zehn Jahren begann ein neuer Lebensabschnitt für mich, weil ich mich entschloss, einen Hund aus dem Tierschutz zu mir zu holen. Meine Buffy war damals knapp neun Monate alt und kam aus Rumänien in ein deutsches Tierheim. Von dort holte ich sie in einem Maimonat. Es begann eine wundervolle Zeit mit vielen neuen Erfahrungen. Seit zehn Jahren ist sie bei mir, bereichert mein Leben und bereitet mir in dieser Zeit unfassbare Freude. Jeder Augenblick ist wertvoll und immer wieder überrascht sie mich und beweist mir aufs Neue ihr Vertrauen. Und plötzlich kam der Gedanke in mir hoch, dass ich noch einmal einem Hund aus dem Tierschutz ein schönes Heim geben möchte. Doch ich wollte keinen Welpen und keinen „normalen" Hund, sondern einen behinderten. So schaute ich mich nach Dreibeinigen und Blinden um.

Als ich in einem sozialen Netzwerk ein Bild von einem blinden Hund sah, wollte ich nur noch helfen. Auf meine Nachfrage ob ich diesen Hund adoptieren könne, bekam ich auch auf häufigeres Nachfragen leider keine Antwort. Meine Enttäuschung schrieb ich in das soziale Netzwerk, daraufhin schrieb mir eine Dame. Ulrike teilte mir mit, dass sie Patin von zwei Hunden in Rumänien sei und eine davon, Hündin Messina, sei blind. Ich zeigte Interesse und Ulrike gab mir die Kontaktdaten von Sabine, die bei einer Tierschutzorganisation tätig ist.

Sabine sandte mir Fotos und ich sah darauf eine, vermeintlich kleine Hündin, mit „weißen" Augen und einer grauen Schnauze. Ich war mit meinem Herzen schon bei ihr, doch der Kopf überlegte: Ist es richtig, diese Hündin zu mir zu nehmen? Zehn Jahre alt, schwarz und blind. Extremer geht es nicht mehr. Wie würde meine geliebte Buffy reagieren? Würde ich es mit meiner Arbeit schaffen? Vieles musste abgewogen und überlegt werden.

So begann ich, einige liebe Menschen in meinem Umfeld, sowohl mit, als auch ohne Hund nach ihren Meinungen zu fragen. Wollte ich Bestätigung? Die bekam ich, aber nicht so eindeutig wie ich es mir gewünscht habe. Ich hielt mich natürlich nur an die positiven Meinungen, und der Kopf war einigermaßen überzeugt. Somit war meine Entscheidung gefallen. Zu meiner Buffy und meinen Miezekatzen sollten nochmals vier Pfoten dazukommen.

Dies war kurz vor der Weihnachtszeit.

Ulrike gab mir die Kontaktdaten der Dame, die mit der Pflegefamilie von Messina in Verbindung stand. Wir waren immer wieder in Kontakt, denn ich hatte einige Fragen zu Messina. Zum Beispiel welche Größe. Mein Auto ist klein, da durfte der zweite Hund nicht größer sein als Buffy. Ist die neue Hündin mit Katzen verträglich? Das Video, das ich von Messina sah, beantwortete mir die Fragen bezüglich meiner Katzen, die Größe nur in etwa, aber befriedigend. Mir wurde ein Selbstauskunftsbogen zugesandt, den ich ehrlich ausfüllte, danach bekam ich das „ok", dass Messina gut zu mir passen würde. Die Frau teilte mir auch die medizinischen Aspekte mit, dass Messina geimpft und gechipt ist, ich bekam die finanziellen Modalitäten und das Einreisedatum mitgeteilt.

Die Freude war groß, aber nicht lange, denn dieser Termin wurde storniert. Nun hieß es, Vertrauen zu haben und zu warten. Endlich kam die erlösende Nachricht, dass Messina am 07.01.2022 aus Rumänien ausreisen könne, mit anderen adoptierten Hunden. Die Freude war groß und die Vorbereitungen meinerseits liefen. Ich brauchte unter anderem ein Sicherheitsgeschirr und natürlich, für diesen Tag, seelische Unterstützung. So bat ich meine Schwester und meine Schwägerin um Hilfe. Sie wollten am Tag von Messinas Einreise zu mir kommen. Dafür war ich im Vorfeld schon sehr dankbar.

Die gute Nachricht gab ich selbstverständlich an Messinas Patin Ulrike weiter, die folgende Zeilen im sozialen Netzwerk schrieb:

„Gib die Hoffnung nie auf. Eine rührende Happyendgeschichte, die Mut machen soll. Mut zum Nachmachen und Mut, Behinderungen zu akzeptieren. Vor etwa drei Jahren wurde ich Patin der blinden Hündin. Sie sollte zumindest gut versorgt sein, denn ich vermutete, dass es sehr schwer wird, für sie ein Zuhause zu finden. Es gab Interessenten und ebenso viele Absagen. Ja, sie wurde gut betreut, doch jedes Mal, wenn ich ihr Foto betrachtete und ihr „in die Augen sah", wurde ich trauriger. Arme Messina, das ist ihr Name. So sehr wünschte ich, es gäbe Hoffnung für sie. Durch einen unglaublichen Zufall lernte ich eine Frau in einem sozialen Netzwerk kennen, die einen behinderten Hund adoptieren wollte und keine Antwort bekam. Ich kommentierte, dass ich es schade finde, so oft keine Antwort zu erhalten. Und bemerkte so nebenbei, dass ich eine blinde Patenhündin habe. Kurz gefasst, ein paar Informationen hin und her. Die Vermittlungsstelle war aktiv, freundlich und gab Auskünfte. Nach wenigen Tagen erhielt ich die ersehnte Nachricht, mein Weihnachtsgeschenk am 22.12.2021:
MESSINA DARF REISEN !!!
Heute, am 08.01.2022 traf sie in Deutschland ein, bezog ihr wunderschönes Zuhause und hat schon Pfote gegeben und kleine Bussis. Wer hätte das der Maus zugetraut? Die lange Reise von Rumänien, neue Geräusche, neue Gerüche, neue Menschen und

Tiere, neue Umgebung, neues Bettchen. In solchen Momenten wünschte ich, mit den Tieren sprechen zu können. Ich habe ungeniert Freudentränen vergossen, als ich Fotos und Videos erhielt.
Ich wünsche Messina und ihrer lieben neuen Mama alles Glück auf Erden. Viele schöne Momente zusammen und gegenseitige Liebe. Wie eingangs schon gesagt: „niemals die Hoffnung aufgeben."

Die Idee, alles aufzuschreiben, was ich mit meinen Fellnasen erlebe, war nicht geplant. Ich war ab dem Zeitpunkt, an dem ich wusste, dass ich Messina bekomme, so angespannt und in freudiger Erwartung, dass ich alles festhalten wollte um nichts zu vergessen.

Hunde sehen mit dem Herzen mehr, als die Menschen mit den Augen

Dann kam der Tag der Abholung bzw. die Nacht vorher. Ich schlief kaum und wir bekamen über einen Chat immer Informationen, wo sich der Tiertransporter gerade aufhielt. Wir sollten mittags um zwölf Uhr am vorgegebenen Treffpunkt sein. Meine seelische Unterstützung, meine Schwester und meine Schwägerin waren schon angereist und wir fuhren rechtzeitig los, natürlich durfte auch meine Hündin Buffy nicht fehlen. Pünktlich um zwölf Uhr kamen wir am Parkplatz, wo die Übergabe stattfinden sollte, an. Da kam die Nachricht, dass sich der Tiertransporter verspätet. Das war für uns nicht überraschend, denn der Weg aus Rumänien ist sehr weit und die Umstände mit Schneefall und Stau nicht gerade einfach. Über zwei Stunden mussten wir uns die Zeit vertreiben. Nicht gerade schön, denn es regnete in Strömen und es war kalt. Doch schnell verging die Zeit und als ich einmal aus dem Auto ausstieg, wurde ich von einer Frau angesprochen ob ich Frau S. sei. Ich verneinte, doch wir kamen ins Gespräch und ich erfuhr, dass hier noch mehr Menschen auf ihre adoptierten Vierbeiner warteten. Endlich war es so weit, wir sahen den Tiertransporter in den Parkplatz fahren und konnten die Tränen nicht zurückhalten.

Jeder Einzelne trat vor, zeigte seinen Personalausweis, gab das Sicherheitsgeschirr ab und dann trug ein Mitarbeiter der Tierschutzorganisation die lang ersehnte Fellnase in das jeweilige Auto. Welch wunderschöne Hunde ich sah, unbegreiflich, dass diese auf der Straße gefunden wurden bzw. aus der Tötung kamen. Die Tränen flossen vor Schmerz, aber auch Freude.

Welcom... ...day for you
darling t... ...
exciting ... ...s a long and
wonderful ... ...ere will be a
so give t... ...ompletely new,
Most of ... ...after arrival.
arrival. ... ...t week after
secure ... ...e garden are
Always u... ...of escape.
saftycolla... ...Harness plus
... life in its new

- Thar... ...treetdog.
- Th... ...nsport.
- Y... ..."...ESS"!

Willkommen Zuhause liebe Fellnase!Hallo, heute ist der Tag an dem Ihr Schätzchen endlich in seinem eigenen Zuhause ankommt.Es war eine lange und aufregende Reise, denn die Tiere können jan nicht wissen, dass für sie nun ein neues wunderbares Leben beginnt. Alles ist völlig neu, bitte gebt Euerer Fellnase Zeit sich einzugewöhnen, lasst sie ankommen und erst einmal ausruhen.Die meisten der vermissten Adoptionshunde entlaufen in der ersten Woche nach der Ankunft im neuen Zuhause. Bitte stellen Sie sicher, dass das Haus und der Garten gesichert sind, denn *Straßenhunde sind Ausbruchskünstler. Benutzen sie immer ein Sicherheitsgeschirr und in den ersten Wochen auch eine doppelte Sicherung.*Wir wünschen Ihrer geretteten Fellnase ein wunderschönes neues Leben mit Ihnen.

- Danke, dass Sie sich für die Adoption eines Straßenhundes entschieden haben.
- Danke, dass Sie uns als Transporteur gewählt haben.
- Ihr Team „ROAD TRIP TO HAPPINESS"

Nun war Messina an der Reihe, meine alte, schwarze, blinde Hündin. Sie wurde zum Auto getragen und kam in die Box. Auf dem Heimweg war sie sehr unruhig, sie wollte raus, doch ich beruhigte sie, denn sobald sie meine Stimme hörte, wurde sie ruhiger. Ich hatte etwas Angst, sie aus dem Auto ins Treppenhaus zu tragen, doch alles lief gut. Auf den Bildern sah sie nicht so groß und so schwer aus. Ich trug sie in den zweiten Stock und in der Wohnung angekommen, erkundete sie zuerst den Flur, eckte ab und zu an einem Möbelstück an, aber im Großen und Ganzen merkte man nicht, dass sie blind ist. Nur an den weißen Augen.

Nun aber waren wir an der Reihe und stärkten uns, saßen wir doch zwei Stunden im kalten Auto. Dann brummte Messina und ich vermutete, dass sie sich erleichtern musste und ich trug sie nach unten in den Garten. Die glatten Stufen wollte ich sie noch nicht laufen lassen, erst in Ruhe. Unten angekommen war sie plötzlich ein ganz anderer Hund. Sie lief hervorragend an der Leine, beschnupperte den Weg, den meine Buffy vorne weglief und folgte ihr in den Garten. Nach dem „großen Geschäft" führte ich sie noch etwas im Garten umher und ich bekam schon Pfötchen.

Dann trug ich sie wieder nach oben. Nun waren beide sehr müde, die Anstrengung merkte man ihnen an. Sie schliefen, während meine zwei Miezen unterm Sofa hervorkamen und ihre Entdeckungsrunden drehten. Es gab schließlich einiges Neues zu beschnuppern.

Meine Schwester und meine Schwägerin verabschiedeten sich nach einem schönen, entspannten Abend und ich war mit dem neuen Hund ohne Unterstützung alleine. Bisschen Bedenken hatte ich schon, doch es lief gut. In der Nacht war ich insgesamt viermal mit Messina im Garten, Buffy nahm ich auch mit. Die Frührunde begann mit einem kurzen Training, was das Treppensteigen nach unten anbetraf. Denn: sie lief mittlerweile die Stufen von selbst hoch. Immer am Geländer oder an der Wand entlang zur Orientierung. Sie wusste auch schnell, wie weit sie nach oben laufen musste. Genial. Ich war überwältigt und sprachlos, wie schnell sie das konnte.

Der Sonntag verlief ganz toll. Sie hörte auf ihren Namen und sie kam wenn man sie rief. Das Treppensteigen übten wir zweimal, sie lief die Stufen langsam von selbst nach unten, allerdings mit Leine. Die Stufen nach oben meisterte sie ohne Leine, langsam aber ohne Hilfe.

Unglaublich diese Momente, auch wenn man sie anspricht und denkt, dass sie einen ansieht. Sie sieht wahrscheinlich mit dem Herzen. So schön.

Manchmal, wenn Buffy im Weg stand, bekam Messina das leider erst im letzten Moment mit, dann brummte sie schon sehr, Buffy brummte zurück. Aber ein ruhiger Satz von mir und beide entspannten wieder. Auch das wird werden.

Am späten Nachmittag wurden wir von meiner Bekannten, auch Hundebesitzerin, zur Gassirunde abgeholt. Ich wollte alleine mit zwei Hunden noch nicht Auto fahren, so fuhren wir zusammen. Ihre und meine Hündin auf der Rückbank, ich nahm auf dem Beifahrersitz Platz und nahm Messina in den Fußraum. Wir trafen uns mit einigen anderen Hundebesitzern und bei herrlichem Sonnenuntergang sahen wir den Hunden zu, wie sie sich des Lebens erfreuten. Messina blieb natürlich an der Leine, sie hatte die Nase immer am Boden, doch die Menschen wurden von ihr angestupst, um sie zu begrüßen. Sie wurde freudig in unsere „Clique" aufgenommen. Wieder daheim gab es Abendfutter, ich durfte sie sogar beim Fressen anfassen, kein Knurren o. ä.

Ich hatte im Vorfeld Bedenken ob sie sich berühren lässt und hatte den Mut, sie anzufassen. Doch kein Problem. Danach legten sich beide Hündinnen am Boden im Wohnzimmer ab und meine beiden Miezen lagen neben mir am Sofa.

Gute Nacht.

Zur Ruhe gekommen

Zwei Tage sind vergangen und es hat sich etwas Neues in meinem Leben aufgetan. Nicht nur durch Messinas Blindheit, sondern auch durch das Verhalten meiner Hündin Buffy. Ich bekam schon einige Nachrichten von Menschen, die mich zu Tränen rührten. Ich las Wörter wie: „Großes Herz", „Respekt", „tolle Leistung", „Blind/Schwarz/Alt, das volle Programm", und so weiter. Ich war bei jeder Zeile, die ich las, sehr gerührt.

Die nächste Nacht schlief ich sehr tief, wachte aber doch um vier Uhr auf und ging mit den Hündinnen nach draußen. Messina machte Pipi und ich war froh, dass sie in dieser Nacht nicht auf die Fliesen pinkelte. Ihre Blase war vom Transport so voll, da kamen die Fliesen immer gerade recht.

Danach folgten drei Stunden Ohnmacht ähnlicher Schlaf bis sieben Uhr und wieder gingen wir nach unten. Messina lief von selbst und alleine nach unten und auch wieder nach oben. Entweder lief sie Buffy nach, oder sie wartete auf mich. Dem Wort -bleib- folgte sie manchmal, sodass ich sie in Ruhe anleinen konnte.

Was wunderbar zu beobachten ist: wenn sie aufwacht wird sich erst gestreckt. Wenn sie schläft, ist sie völlig losgelöst, sie ist vielleicht schon angekommen. Das wäre schön.

Gestern ließ Buffy Messina noch nicht ins Schlafzimmer, umso erstaunter war ich heute, als sie in Buffys Körbchen ihren Mittagsschlaf hielt.

Aber nun zum Vormittag: Mein Nachbar geht öfter mit mir nach draußen, so auch heute. Er führte Buffy, ich Messina. Wir wählten eine andere Strecke als die letzten Male, somit war das Tempo sehr sehr langsam. Viele Gerüche, neue Geräusche. Nach vierhundert Meter waren wir im Wald und es war sehr schön. Unterwegs trafen wir zwei Bekannte mit einem zehn Jahre alten Rüden und einem neun Wochen jungen Welpen (mein Herz blutete ... reinrassig ... teuer).

Die Begegnung war ruhig, friedlich, entspannt. Jeder durfte schnuppern, kein Knurren o. ä. Wir liefen ein paar Meter, als Kristin mit Buffys Kumpel Gusti kam. Als dieser zu Messina wollte, wurde er von Buffy erst einmal auf Abstand gehalten. Ich war so stolz auf mein Seelentier. Danke Buffy. Es war herrlich.

Die Menschen, denen ich begegnete, wie soll ich es beschreiben. Messina lehrte ihnen immer etwas, und das ist unglaublich schön. Sie ist unvoreingenommen, offen, ohne Vorurteile. Sie wurde bewundert, beobachtet, die Menschen schüttelten den Kopf und waren erstaunt.

Der Tag war total entspannt, ich bekam Besuch, kein Bellen beim klingeln, keine Berührungsängste, sprich: tiefenentspannt. Als ich später in der Küche zu tun hatte, wurde ich von Buffy vom Flur aus beobachtet, Messina suchte meine Nähe und stand neben mir. Ein Leben mit zwei Miezen UND zwei Hunden, noch vor paar Wochen für mich undenkbar.

Messina kann bellen

Die Nacht mit Messina war sehr ruhig, gegen vier Uhr ging ich kurz mit beiden Fellnasen in den Garten. Am Morgen, als ich beide aufweckte, streckte und rekelte sich

Messina. Sie schlief die ganze Nacht in Buffys Bett. Was Buffy noch nie gemacht hat, macht nun sie, nämlich auf den Rücken drehen und alle schwarzen Stinkepfötchen nach oben strecken. Als ich mich für die morgendliche Gassirunde fertig machte, bellte es im Flur. Nein, Buffy war es nicht. ES WAR MESSINA. Völlig verdutzt eilte ich zu ihr, weil ich dachte, sie hätte es eilig nach draußen zu kommen. Von wegen. Was machte sie: Stellte sich vor mich, Kopf hoch wie ein Wolf und bellte weiter. Ich sprach mit ihr, da beruhigte sie sich und genoss die Streicheleinheiten. Ok, sie kann bellen, so klingt das also.

Mein Nachbar ging wieder eine Runde mit. Er wusste nichts über Hunde, aber Messina, Buffy und die Hundesprache faszinierten ihn.

Wir gingen unsere Runde, diesmal durch den Wald. Das erste Hindernis, ein umgestürzter Baum, meisterte Messina, indem sie unten durch kroch. Den Baumstamm danach erklomm sie nach gutem Zureden alleine. Ein paar hundert Meter weiter waren wir skeptisch, ob sie dieses Hindernis überwinden wird. Sie schnupperte und setzte ihre Vorderpfoten auf den Baumstamm. Ich hob sie sanft am Bauch hoch, und sie war oben, doch abwärts getraute sie sich nicht. So „begleitete" ich sie auch da. Das machte sie total klasse und ich ließ ihr Zeit. Was dann folgte war einfach, ohne umgefallene Bäume, aber mit vielen neuen Gerüchen. Daheim war sie sehr müde, doch gierig wie immer, verschlang sie ihr Frühstück geräuschvoll. Danach wurde geschlafen.

Ich konnte mich sogar mit dem Staubsauger um sie bewegen, sie brachte nichts aus der Ruhe. AUßER: Wenn Buffy ihr im Weg steht. Da wird heftig geknurrt und sie hatten sich auch paar Sekunden „in der Wolle". Das war, glaube ich, ein Streit. Danach war eine Pfütze auf den Fliesen. Sie markiert nun „ihr" Revier. Nun heißt es, bei der nächsten Auseinandersetzung aufpassen. Doch meine Buffy ist so gescheit, sie machte Messina Platz. Es ist interessant zu beobachten: Draußen ist die Nähe der beiden überhaupt kein Thema, doch in der Wohnung herrscht keine Entspannung und das bereitet mir etwas Herzklopfen. Aber auch das werden wir schaffen, mit Liebe, Geduld und Putzlappen.

Am Abend holte mich wieder eine Hundebesitzerin mit dem Auto ab, Buffy saß mit der anderen Hündin auf dem Rücksitz und Messina bei mir im Fußraum. Alleine mit den beiden getraute ich mich noch nicht zu fahren. Da Messina beim Autofahren sehr unruhig war, bestellte ich am Abend einen Hundeautositz für meinen Beifahrersitz.

Der Gassiweg war für Messina neu und die Reaktion einer jungen Australien Shepherd Hündin ließ mich wieder einmal den Kopf schütteln: Die Hunde, die wir treffen, spüren, was mit Messina los ist und halten ganz still. Der Blick ist manchmal neugierig, manchmal starr, wie bei dieser jungen Hündin. Es gab keine hörbare Kommunikation, es ist absolut bewundernswert, wie die Fellnasen mit ihr umgehen. Da könnte sich mancher Mensch „eine Scheibe davon abschneiden". Kein Wenn und Aber, kein Thema, einfach sein lassen und akzeptieren. Wunderbar. Die Tiere lehren uns so viel Wertvolles. Egal ob alt und blind wie Messina, jung wie der Welpe, schüchtern wie Buffy.

Im Wald war eine Holzbrücke, diese überquerte Messina langsamer. Da ich an Einiges vorher nicht dachte, war ich unbeschwert und sie lief mir nach.

Als ich sie beim Fressen berührte, wurde mir bewusst, was ich tat. Ich ließ keine Vorsicht walten. Aber von ihr keine Reaktion. Glück gehabt? Vertrauen? Schon Liebe?

Messina stinkt. Sie war fettig und die ganze Wohnung stank nach Hund, deswegen stand eine Dusche an. Doch da ich nichts überstürzen wollte, übten wir peu à peu. Ich hob sie in die Badewanne, damit sie den glatten Untergrund kennenlernte. Danach wurden nur die Pfötchen nass gemacht. Ich wollte sie nicht erschrecken oder verängstigen. Ich hoffte, dass es bald klappen würde, ohne Zwang.

So, wieder ein Tag vorbei mit meinem etwas übergewichtigen, schwarzen, blinden, stinkenden, goldigen Bärchen. Wunderschön anzusehen, im Körbchen liegend, das Bäuchlein nach oben gestreckt und jede Berührung genoss. Es ist unendliche Liebe, die ich meinen Tieren entgegenbringe. Sie trösten, lehren, stressen manchmal, lassen vergessen, sind unentbehrlich.

Persönliche Nachrichten:
„Du bist wirklich ein großartiger Mensch. Der so viel Liebe und Geduld hat und sie auch, wenn nötig wäre, einsetzt und bereithält für diese Tiere. Da ziehe ich meinen Hut davor ab. Du hast dich darauf vorbereitet, dass es vielleicht viel Arbeit wird und du viel Geduld haben musst. Aber all das hat sich auf den blinden Hund übertragen und wie man sieht, erntest du was du säst."

„Xandra, du kannst stolz sein, auf dich und deinen Mut. Aber auch auf die superschnellen Lernprozesse von Messina. Das funktioniert nur in einer Umgebung, wo sie sich wohl und sicher fühlt. Hebe alle Eindrücke und Fotos auf, dann machen wir einmal ein kleines Büchlein draus. Alles Liebe Euch allen."

Frisch geduscht

Heute früh schlug meine Buffy Alarm. Nach einer sehr ruhigen Nacht, in der ich nicht mit den Fellnasen nach unten ging. So ging ich gleich nach dem Aufwachen mit ihnen nach draußen, denn ich vermutete, dass sie es eilig hatten. Waren Sie es jetzt doch ein paar Nächte gewohnt, dass sie sich erleichtern konnten. Ich versuchte, beide an eine Leine zu nehmen und es klappte super. Sie liefen wunderbar vor mir, hielten Abstand voneinander, und es war sehr bequem für mich, so zu laufen. Knapp zwei Stunden später liefen mein Nachbar und ich nochmals. Wir nahmen uns nur eine kurze Runde vor, doch es war so schön, dass es etwas länger wurde. Tja, wenn man eine blinde Hündin an seiner Seite hat, muss man Gemütlichkeit üben.

Wir gingen dieselbe Strecke wie am Tag vorher und was tat Messina bei dem hohen Hindernis angekommen: Sie kletterte von selbst über den umgestürzten Baum. Ohne Anschub oder gut zureden. Bei solchen Augenblicken bin ich einfach nur sprachlos und demütig.

Daheim angekommen, pinkelte sie leider wieder in den Flur. Gott sei Dank hab ich Fliesen. Gestern war sie stubenrein, heute wieder dreimal Pippi in der Wohnung, obwohl wir viermal an der Luft waren. Heute wurde sie etwas geschimpft, leise, aber streng, doch ich glaube, das war ihr egal.

Zum Thema bellen: Als beide ihre getrocknete Kopfhaut bekamen, nagten sie in sicherer Entfernung voneinander. Messina ließ ihre allerdings erst einmal liegen, kam ins Wohnzimmer und bellte, Buffy knurrte, sie wollte nicht, dass Messina ihr zu nahe kam. Als ich Messina verbal beruhigte, kam sie sofort zu mir und forderte ihre Streicheleinheiten. Kurz darauf wiederholte sich das Ganze, wobei die Tonlage des Bellens eine andere war. Doch in beiden Fällen war das Schwänzchen locker und wedelte. Ich machte von dieser Situation ein Video, um mir Hilfe zu holen, denn ich wusste nicht, wie ich dies einschätzen sollte.

Gegen Mittag machte ich an meinem Balkon Renovierungsarbeiten und danach gingen wir in den Garten. An der langen Leine schnupperte sie ihren Weg ab und ich konnte sie an der langen Leine laufen lassen. Was sehr schön war, ein kurzer Laut von mir und sie wendete und kam sofort zu mir. Der Nachmittag wurde verschlafen, kaum zu glauben, dass es in der Wohnung 16 Pfoten gibt. Eine Ruhe und Gemütlichkeit, jedes Tier in seinen Schlaf versunken.

Der nächste Spaziergang startete am Nachmittag bei wunderbarem Sonnenuntergang. Es war seeeehr langsaaaaaaaam, und für Messina total erschöpfend, weil wir schon ca. anderthalb Kilometer gelaufen waren. Ich hatte den Eindruck, dass es nicht die Bewegung ist, die sie erschöpft, sondern das Neue und die Gerüche. Für uns Menschen und die anderen beiden Hündinnen war es sehr entspannt und schön.

Daheim angekommen gab es diesmal noch kein Abendfutter, sondern: eine Dusche.

Ich fand eine rutschfeste Unterlage, hob Messina in die Badewanne und fing ganz langsam an, sie nass zu machen. Sie hielt ruhig, ich sprach mit ihr und ruck zuck war sie nass, einshamponiert und abgespült. Das Abtrocknen in der Wanne war leider nicht möglich, sie wollte raus aus der Wanne und das durfte sie. Außen wollte ich sie dann abtrocknen, doch vorher wurde sich geschüttelt. So schnell konnte ich gar nicht reagieren. Nun war nicht nur Messina geduscht, sondern auch ich und mein kleines Badezimmer. Das Trockenrubbeln schien ihr zu gefallen, doch dann wollte sie raus aus dem Badezimmer, denn der Hunger rief. Danach gab es eine Dusche für mich und eine Reinigung meines Badezimmers. Sie war noch ca. 20 min unruhig, doch dann wurde sich abgelegt und wurde von mir schön wohlig zugedeckt. Sie schlummerte im Schlafzimmer auf ihrem Bettchen und es war schön sie anzusehen. Nicht mehr schwarz/matt, sondern schwarz/glänzend.

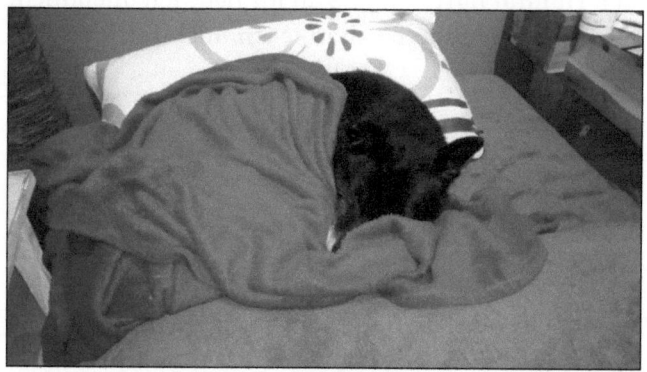

Ich hätte NIE gedacht, dass ich mit -nicht stubenrein- und mit schlechtem Geruch so gut klar komme. Auch meine Ängstlichkeit, was ihr Bellen/Knurren sein könnte. Das ist schnell wieder vorbei. Ich versetzte mich in solchen Augenblicken in ihre (blinde) Situation, redete in Ruhe mit ihr und sie reagierte schnell, als wäre ich schon immer an ihrer Seite.

Ich weiß, dass alles zeitlich begrenzt ist. Entweder wird alles gut, oder sie ist älter und unser gemeinsamer Weg ist nicht lang. Somit genießt man und hat den Lappen für den Pippi auf den Fliesen immer parat.

Natürlich darf auch meine Buffy nicht unerwähnt bleiben. So eine tolle Hündin. Mit neun Monaten holte ich sie aus dem Tierheim, in dem sie ca. sechs Wochen lebte. Vorher auch in Rumänien auf der Straße. All das, was ich jetzt Messina zeige, war bei Buffy vielleicht kein Thema, oder ich habe es vergessen. Oft vergisst man die Anstrengung, weil das Schöne überwiegt. Dafür bin ich dankbar. Dankbar für knapp zehn Jahre mit meiner ersten Hündin Buffy. ALLES an ihr liebe ich unendlich, grenzenlos. Und nun bedanke ich mich für Messina, bzw. für die beiden.

Wohliger Duft und das erste Problem

Nachdem Messina geduscht war, kam ein wohliger Geruch und glänzendes Fell zum Vorschein. Ganz gut roch sie noch nicht, aber ich wollte sie auch nicht überfordern.

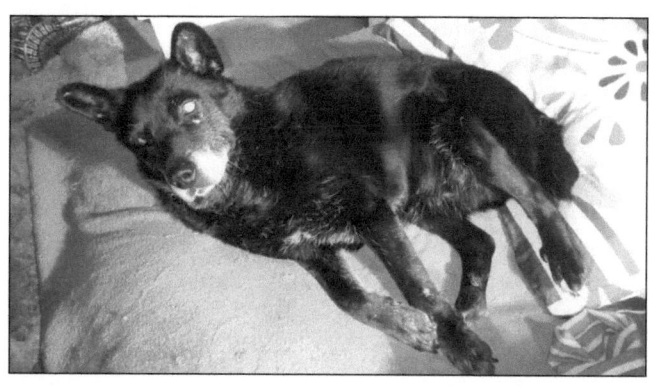

Am Abend wurde sie schmusig und wollte mit ins Bett. Ich hob sie hoch, sie durfte auf der Hundedecke liegen. Es war ungewohnt, denn Buffy bleibt nicht bei mir, wenn ich unter die Decke schlüpfe. Messina kuschelte sich in meine Kniekehlen, doch ein paar Minuten später hörte ich ein lautes Geräusch. Oje, sie ist aus dem Bett gefallen. Daran dachte ich natürlich nicht. Gott sei Dank ist nichts passiert, denn mein Bett ist auch nicht sehr hoch.

Das Gassi gehen am nächsten Morgen war für Messina sehr lehrreich. Sie kletterte ohne mein Zutun über die umgefallenen Bäume und meisterte den Weg alleine sehr gut. Es ist unglaublich, wenn man sich vorstellt, dass diese Hündin BLIND ist. Interessant war auch, wenn SIE vor mir lief, waren ihre Bärchenohren immer nach hinten gestellt, obwohl Buffy vor ihr lief. Hörte sie mehr auf meine Schritte? Orientierte sie sich an mir?

Das Treppenhaus wurde bald alleine gelaufen, manchmal dauerte es etwas länger, weil sie die Richtung vertauschte, aber ein verbales Zeichen und sie kam. Der Keller war auch sehr interessant. Immer wieder wartete sie auf mich, ging selten ohne mich nach oben.

Stubenrein war sie leider zu dem Zeitpunkt immer noch nicht, aber es war ja noch nicht mal eine Woche vergangen, seit sie bei mir ist.

Müll, leere Dosen oder Tüten durfte ich ab sofort auch nicht mehr offen stehen lassen. Da wurde sie flink die alte Dame und bis man sich versah, wurde die Tüte aufgerissen oder eine leere Dose aus dem Eimer stibitzt.

Da sie immer sicherer wurde, stellte sie mich vor ein Problem: Sie stand im Wohnzimmer, hob den Kopf und bellte, doch gleichzeitig knurrte sie. Ich konnte sie ablenken und beim Streicheln beruhigte sie sich. Ich musste erst lernen, ihre Sprache zu deuten.

Ganz anders am Abend vorher: Sie wurde zur Furie, fletschte die Zähne, knurrte und bellte. Buffy lag zusammengekauert auf meinem Bett, war es das? Messina wollte auch nach oben auf das Bett, doch ich hatte Respekt, fast schon Angst. So nahm ich meine Nackenrolle, verlängerte somit meine Hand und streichelte sie damit. Doch sie ließ sich kaum beruhigen, kam Buffy immer näher. Ich schubste Buffy weiter nach hinten. Sie war ruhig, ließ sich auf kein Geräusch ein und hielt ganz still. Doch ich merkte, dass Buffy gestresst war. Ich streichelte Messina immer wieder mit der Nackenrolle, doch der Kopf war oben und das Knurren klang richtig gefährlich. Um mich hatte ich keine Angst, aber dass ich die Situation nicht meistere, war ein schlimmer Gedanke. Buffy zuliebe und natürlich auch wegen Messina. Endlich beruhigte sie sich. Sie legte sich in ihr Bett und begann dann aber wieder von vorne. Ich korrigierte sie leise, aber streng und dann gab sie Ruhe.

Ich konnte von der „soften Variante" ein Video drehen und habe es danach einer Hundetrainerin gesandt. Was war der Auslöser? War es der Geruch der Leckerli, die ich abends verteilte, die Miezen bekamen die ihrigen, die beiden Hündinnen Zahnputzstückchen. Ich musste versuchen die Ursache zu finden. Danach war ich mit den Nerven ziemlich fertig und am nächsten Morgen überdachte ich zum ersten Mal meine Entscheidung. Was ich zu euphorisch? Zu gutgläubig? Hatte ich nichts anderes zu tun als mir das „anzutun"? Doch ich bin ein Mensch, der aus allem das Positive zieht und weiß, dass nichts umsonst passiert. Messina wurde mir geschickt, davon bin ich überzeugt.

Ich und Buffy werden das schaffen und das Allerschönste wäre natürlich, wenn so eine Situation nicht mehr vorkommt. Und sollte so etwas wieder passieren, werde ich es meistern, auch im Sinne der beiden Hündinnen.

Es stellt sich Gemütlichkeit ein

All meine Anspannung, all meine Zweifel, waren schnell verflogen. Dafür war ich dankbar. Ich sprach mit meinen zwei Freundinnen und einer Hundetrainerin und bekam gute Tipps. Dass Messina „die erste Geige" spielen wollte, war klar. Nun lag es an mir, zum Beispiel Gewohnheiten zu durchbrechen.

Das hieß, es gab kein Fressen mehr direkt nach dem Gassi gehen. Buffy ist ja eine Hündin, die NIE etwas gefordert hat. Messina schon. Sie musste in der Vergangenheit immer kämpfen. Das machte sie schlau und sie merkte sich meine Fütterungszeiten. Das wurde von mir schnellstmöglich geändert. Erst erledigte ich meine Sachen, dann gab es Futter. Wenn alles gefressen war, sprach ich sie an und siehe da: Sie reagierte. Dann bekam sie noch paar gute Brocken in ihren Napf, damit sie lernt, dass von mir Gutes kommt. Sie dankte es mir mit Aufmerksamkeit und wenn sie gefordert hat, wurde sie korrigiert, kurz, leise und streng, und sie nahm es an.

Die Zahnputzleckerli gab es am Abend erst, nachdem sie sich ruhig abgelegt hatte und schon schlief, danach war Ruhe. Es sollte sich kein Ritual manifestieren, keine Gewohnheit, zumindest nicht, was das Fressen anbetrifft. Denn manchmal versuchte sie, nach dem Fressen mehr zu fordern, doch meine „Zurechtweisung" fruchtete.

Heute hat sie mir noch öfter als sonst ein Lächeln auf die Lippen gezaubert: Sie lag oft auf dem Rücken und streckte alle vier Beinchen von sich. Wunderschön.

Behutsam übten wir das ein- und aussteigen ins Auto. Nach kurzer Zeit stieg sie von selbst ein. Allerdings nur in den Fußraum, aber immerhin. Auf den Sitz schafft sie es (noch) nicht. Sollte das aber ihr Platz bleiben, wird sie dies auch noch lernen.

Bei mir im Ort befindet sich ein schmaler Weg, dort steht in der Mitte ein Hindernis. Messina schlüpfte unten durch, Buffy ging außen herum. So musste ich danach mit der Leine hantieren, bis alles wieder ordentlich war, das wird aber nicht mehr passieren. Das nächste Mal werde ich reagieren und sie mit Buffy herum führen.

Ebenso wenn ich die Haus-/Autotüre aufmache. Das geht nicht schwungvoll, denn sie schnuppert immer erst auf der anderen Seite. Auch die Abkürzung vom Garten ins Haus, an den Autos vorbei, laufe ich nicht mehr. Messina geht den Weg, den sie sich eingeprägt hat. Immer schön außen herum.

Es ist dermaßen interessant, die Welt von ihrer Blindheit aus zu „sehen" und diese alte Hündin zeigt es mir. Wenn sie vor mir an Tempo zulegt und ich rennen muss, bin ich immer wieder sprachlos.

Auch wenn ich die Leine manchmal locker lasse oder fallen lasse und ich sie rufe. Sie hört auf mich als wäre sie schon immer bei mir.

Zehn Jahre hörte sie etwas anderes, allerdings weiß ich nicht was. Die Sprachen kann sie nicht verstehen, aber den Tonfall. Umso mehr bin ich stolz und dankbar, dass sie mich begleitet, mir folgt, auf meine Stimme hört.

Als wir heute Gassi auf der Wiese und am Bach waren, traf ich meine Freundin, die sehr überrascht war, dass ihre Hündin nicht bellt beim Zusammentreffen.

Bisher hat JEDER Hund gleich reagiert: ruhig, friedlich, geschnuppert und rückwärts gegangen.

Ich zeigte Messina wie sie in den Bach kommt, erst hatte sie Angst, ich nahm sie unter dem Bauch und schob sie etwas vor, als sie sich aber nicht getraute, war es in Ordnung für mich. Ein paar Minuten später, an einer anderen Stelle, ging sie von selbst in das Wasser. Ich ging vor ihr und sie mir nach. Sie trank und es schmeckte lekker das tolle Wasser.

Buffy hat Messina heute sogar zum Spielen aufgefordert, es war nur ein Bruchteil einer Sekunde, aber ich habe es gesehen. Danke mein Seelenhund. Es ist so wertvoll, all die Erfahrung, die ich machen darf.

Es ist anstrengend, das ist klar. Aber ich habe/konnte ein „Leid" mindern, ihr es schön machen, vielleicht schöner als bei der Pflegefamilie in Rumänien? Ich denke schon, denn ihre Figur verändert sich, das Fell wird besser und ihr Gewicht weniger.

Immer wieder muss ich Danke sagen.

Persönliche Nachricht:
„Liebe Xandra, da hast du eine richtige Herausforderung angenommen. Nun, das war dir klar und du wirst sie auch meistern. Durch Hingabe, Verständnis, Erfahrung, Geduld und Liebe ... und durch Aufopferung! Du zeigst mit der Aufnahme von Messina, ihr ein echtes Heim zu geben, ein ganz großes Herz. Ich bewundere dich diesbezüglich und drücke dir deshalb die Daumen, dass deine Mühen mit sehr vielen schönen Geschichten und Momenten belohnt werden. Das hättest du ehrlich verdient."

Und wieder etwas gelernt

Heute war ein guter Tag, denn bis jetzt war Messina stubenrein. Es wird immer besser. In der Nacht gehe ich mittlerweile nicht mehr nach unten, dazu sind wir drei einfach zu müde. Aber gegen Früh nichts wie raus. Schön langsam lernt sie es, dass ihr Daheim keine Toilette ist.

Das Treppenhaus nach unten geht sie mittlerweile ohne mich, Buffy ist dabei. Was mir auffiel, dass immer ihre rechte Körperseite dabei auf Anlehnung ist, das heißt, abwärts geht sie nah am Geländer, und nach oben geht sie an der Wand entlang. Immer wieder schön, so etwas zu beobachten und sich bewusst werden zu lassen.

Als sie gestern im Treppenhaus auf mich wartete, ich war noch kurz im Keller, dachte ich wirklich für einen kurzen Moment, dass sie mich ansieht: Sie legte ihren Kopf schief und das sah so niedlich aus. Sie sieht wegen ihren stehenden Ohren sowieso wie ein Bärchen aus und dann noch das, einfach goldig.

Als wir heute Morgen Gassi waren, nahm ich beide an eine Leine. Es klappte super, doch für Buffy war es manchmal zu langsam, muss sich Messina doch ihren Weg erschnuppern.

Als wir nicht die Treppen liefen, sondern die Rampe, war meine Buffy die Heldin. Sie lief sehr langsam und man sah, dass sie Messina half, diese Rampe zu laufen. Ich bin so stolz, so einen tollen Hund zu haben. Ich wusste zwar all die Jahre was ich für eine tolle Hündin habe, doch jetzt zeigt sie mir es immer wieder auf eine andere Art und Weise.

Messina ist auch toll, aber ihre Reaktion auf Gerüche, so wie heute im Garten und in der Wohnung, war sehr erschreckend. Klar, sie sieht NICHTS, muss sich alles erschnuppern, aber sobald sie das Futter roch, wurde sie zur Furie.

Wir waren im Garten und übten. Sie sollte beim Rufen zu mir kommen, dafür gab es eine Belohnung. Messina legte sich vor mir ab und zu auf den Boden, streckte mir das Bäuchlein entgegen und ich streichelte sie. Doch plötzlich, als Buffy zu uns kam, flippte Messina aus.

Ich schubste Buffy weg und hielt Messina am Halsband. Das passierte in kürzester Zeit nun zweimal. Messina knurrte nach vorne, um ihr vermeintliches Gegenüber zu attackieren und machte dabei richtig schlimme Geräusche. Buffy wollte mitkämpfen, doch ich konnte sie trennen. Ich verscheuchte Buffy und nahm Messina an die Leine, damit sie etwas Spielraum hat und nicht von mir zu arg am Halsband gehalten wurde. Sie beruhigte sich, Buffy allerdings ging ihr aus dem Weg. Wir liefen noch etwas umher um die Situation zu entspannen. Mir schien, dass Messina schnell vergaß, Buffy allerdings nicht. Sie hielt Abstand und war sehr vorsichtig ihr gegenüber.

Die gleiche Situation am Abend nach dem Fressen. Alles war erledigt, die Näpfe waren weg, Buffy wollte an ihr vorbei, und wieder wurde Messina laut. Diesmal allerdings reagierte ich so schnell, dass ich sie sofort korrigierte. Das klappte gut und sie ging in ihr Körbchen.

Nun weiß ich, wie ich reagieren bzw. was ich unterlassen muss. Man lernt nie aus und dies ist komplett neu für mich. Umso dankbarer bin ich, diese drei Situationen heute gut gemeistert zu haben, ohne dass Schlimmes passiert ist.

Als ich später zu Messina ging, lag sie in ihrem Bettchen, so zart mit ihren hellen Augen, die nichts sehen. Alles muss sie sich erschnuppern, wer weiß, um was sie alles hat kämpfen müssen.

In diesen Augenblicken tut mir das Herz weh, wenn ich an ihre Vergangenheit denke. Oder an die Hunde, die auf der Straße leben, ohne freundliche Stimme, ohne streichelnde Hand, ohne einen Pfotenabdruck in einem Menschenherz zu hinterlassen. Sie sind alleine, einsam und doch der größte Freund des Menschen.

Ich bin froh mich dieser Aufgabe zu stellen, auch wenn es manchmal schwer ist.

DANKE

Vertrauen

Ein großes Wort: Vertrauen. Heute ertappte ich mich einige Male bei dem Gedanken, dass ein bisschen vom Vertrauen, Messina gegenüber, weg ist, oder noch nicht da war. Nicht wegen mir, sondern wegen Buffy. Immer wieder kurze Momente der Angst um sie. Doch es lag immer wieder an mir, Situationen zu entschärfen oder gar nicht entstehen zu lassen. Buffy ist im Moment sehr vorsichtig. Ich sehe das an ihrem Blick und unserer Kommunikation. Wenn Messina brummt, dann wird Buffy sofort unruhig, denn sie weiß ja nicht, ob Messina nicht wieder eine „Furie" wird. So muss ich Messina beobachten und gegebenenfalls handeln. Die letzte Situation war mir eine Lehre, somit vermeide ich alles was zur Eifersucht führen könnte und auch Futterneid.

Und damit ich wirklich beiden Hündinnen gerecht werden konnte, unternahm ich heute zuerst mit meiner Buffy seit Langem wieder eine Radtour. So konnte sie schnuppern wo und wie lange sie wollte und auch mal wieder querfeldein laufen. Sie hörte öfter ihren Namen als den ihrer neuen „Freundin".

Als ich nach Hause kam, war Messina an der Reihe. Wir gingen in den Garten und dort wurde erst einmal ausgiebig geschnuppert und dann wurde trainiert. Ich musste über mich lachen, denn eigentlich kommuniziere ich mit Buffy über Handzeichen. Diese machte ich bei Messina auch, doch unnötig, da sie blind ist. Doch eigentlich ist sie für mich das gar nicht mehr und deswegen machte ich es automatisch weiter. Sie ging neben mir Fuß, ich ging Kurven um Hindernisse herum, ohne dass sie irgendwo aneckte.

– Bleib – war etwas schwer, doch mein Timing war gut und so lernte sie es tatsächlich schnell. Als ich ganz still und weit weg von ihr stand und sie rief, rannte sie schnurstracks zu mir.

Da ich die Übung -sitz- nicht unterstütze, überließ ich es ihr, ob sie es machen wollte oder nicht, Hauptsache sie stoppte. Sie setzte sich vor meine Füße, sah zu mir hoch und das Leckerli konnte ich ihr schon aus den Fingern geben, ohne dass mein Finger dabei zu Schaden kam.

Und was kam dann? Sie bezirzte mich, legte sich auf den Rücken und streckte mir ihr Bäuchlein entgegen. Zweimal ließ ich ihr das durchgehen, beim nächsten Mal übte ich weiter. Und tatsächlich stand sie auf und kam erneut zu mir.

Auch das Stoppen vor den Türen klappt seit einiger Zeit besser. Zuerst darf Buffy „eintreten", dann Messina. Heute Nachmittag stand sie ruhig, ich legte ihr Halsband ab und trat zuerst durch die Türe. Ich freute mich riesig, dass sie so lernfähig ist. Mit Liebe und Geduld wird es gut werden.

Ihren Charme lässt sie oft spielen, so kommt sie immer wieder zu mir und stupst sanft meine Beine an. Das kenne ich nur von Buffy, sie macht das, wenn ich sitze und Käse esse, Messina sagt mir so: „hey, ich bin da, streichle mich". Immer gebe ich dem aber nicht nach. Erst wenn sie nicht mehr bettelt, wird gekuschelt.

Vor der Haustüre wurden heute die Pfötchen gesäubert. Auch das ging ohne Probleme, als hätte das jemand schon öfter gemacht. Bin mir aber manchmal nicht sicher, ob dies auch so bleibt, oder ob sie sich doch noch ändert, wenn sie länger bei mir ist.

Stubenrein ist sie tagsüber leider immer noch nicht, wobei ich denke, dass sie vielleicht markiert.

Nach wie vor bewundere ich ihre Ruhe. Ich kann mit dem Staubsauger um sie herumfahren, es stört sie nicht. Sie bleibt liegen oder hebt nur kurz den Kopf.

Und Folgendes ließ mich lächeln und ich musste mich bedanken: Sie haben sich heute gegenseitig am Hinterteil beschnuppert. Ohne knurren, ganz „normal" und dann lagen beide nicht weit auseinander, Messinas Schnauze an Buffys Rücken. Herrlich.

Gefühl des heutigen Tages: Das Vertrauen wurde größer. Ich schloss öfter die Augen, versetzte mich immer wieder in Messinas Dunkelheit. Und was ich nicht vergessen darf, sie ist (angeblich) 10 Jahre alt und erst seit neun Tagen bei mir.

DANKE

Zusammenhalt

Als ich in der Früh aufwachte, wollte ich eigentlich noch bisschen im Bett bleiben. Doch als meine zwei Fellnasen merkten, dass ich mich bewegte, waren sie sofort putzmunter. Ich konnte meinem Nachbarn nicht mehr Bescheid sagen, hatte Bedenken, dass Messina wieder in den Flur pinkelt, weil ich nachts nicht draußen war. Und siehe da, die Wohnungstür ging auf und wie selbstverständlich lief Messina auch schon die Stufen nach unten. Sie war richtig schnell. Vor der Haustür musste sie aber bleiben, denn ich musste das Halsband und die Leine anlegen. Den Weg kennt sie mittlerweile gut, er wurde richtig schön getrabt. Niemand würde auf die Idee kommen, dass diese Hündin blind ist. Als wir aber das gewohnte Terrain verließen, war sie wieder hinter mir und alles musste beschnuppert werden.

Auch das ist interessant zu beobachten und bringt mich doch immer wieder aus dem Schnellen, nämlich hinein ins Langsamere. Und das ist gut so: Messina entschleunigt mich und mein Leben immer wieder aufs Neue.

Wieder daheim wurde geübt, dass sie -bleibt-, nämlich vor der Küchentür. Buffy bekommt ihr Fressen zuerst, dann bekommt Messina das ihrige. Sie blieb ganz toll sitzen, vielleicht Zufall, egal, es war toll.

Bevor ich mit meiner Arbeit begann, wurde erst gekuschelt. Beide lagen so friedlich im Wohnzimmer, da ließ ich den Staubsauger links liegen und beide wurde ausgiebig gekrault.

Zum Üben waren wir wieder im Garten. Diesmal hatte Messina mich nur einmal bezirzt und sich vor mir fallen lassen, den Rest machte sie absolut super. Im Garten macht sie alles klasse, aber vor den Türen müssen wir noch viel üben, da ist sie noch sehr ungeduldig. Auch wenn sie auf ihrem Autositz sitzt, bis ich ein-/aussteige, ist sie in Bewegung. Doch auch das werden wir üben bis sie es kann und ruhiger wird.

Wenn ich zur Arbeit muss, ist sie in der Wohnung. Nicht alleine, die beiden Miezen sind da. Auch da habe ich keine Bedenken mehr, denn sie schläft. Heute arbeitete ich länger als sonst, hatte etwas Angst, dass sie Pippi gemacht hat, aber alles war sauber. Als ich sie zum Gassigehen abholte, kam sie mir verschlafen entgegen. Ich war sehr froh und auch erleichtert.

Meine Freundin sah ich drei Tage nicht und sie war überrascht, dass mich Messina in der Zwischenzeit so gut versteht. Sie kam auf Kommando, machte -steh/sitz- und -bleib-.

Seltsam, bekam sie vorher diese Kommandos? Warum versteht sie diese? Meine Handzeichen sieht sie ja nicht. Ich stelle mir diese Fragen, doch eine Antwort bekomme ich nicht. So genieße ich weiter.

Der Tag heute war sehr friedlich, beide beschnupperten sich, Buffy ging ihr nicht mehr so extrem aus dem Weg und auch Buffys Blick war anders, als sie mich ansah. Bis jetzt war der Flur trocken, es wäre schön, wenn sie bald stubenrein werden würde.

Als Messina heute brummte, wedelte sie freundlich mit ihrem Schwänzchen, deshalb wusste ich, dass alles in Ordnung ist. Ich muss sie lesen, muss fühlen und spüren. Nicht nur in Messina, sondern auch in meine Buffy. Das ist für uns alle neu und ungewohnt.

Wenn ich meine beiden so erlebe, auch noch meine beiden Miezen, geht mir das Herz auf. Welch ein Glück

so etwas haben zu dürfen. Auch jetzt, während ich hier sitze und schreibe, ist es eine unbeschreibliche Gemütlichkeit. Meine beiden Miezen bei mir auf dem Sofa und die zwei Hündinnen unten am Boden. Herrlich.
DANKE

Wohlfühlen

Der gestrige Abend war für mich wunderschön. Nicht nur, dass mein Flur einen Tag lang trocken war, sondern auch, weil alle 16 Pfoten um mich waren. Normalerweise schläft Messina im Flur oder im Schlafzimmer auf ihrem Bettchen, doch gestern lag sie zu meinen Füßen auf dem Sofa, Buffy am Boden vor dem Sofa. Kein lautes Geräusch war zu hören, nur das Feuer, das in meinem Ofen brannte und ab und zu ein sanfter Schnaufer von Messina oder Buffy.

Was ich bislang auch nicht wusste: dass ein blinder Hund galoppieren kann. Unfassbar. Als ich heute spielerisch mit ihr übte, von ihr weg ging und sie rief, galoppierte sie mir nach. Unglaublich, es war eine riesige Freude. Der Garten ist ihr schon sehr vertraut, ich ließ die Leine am Halsband und sie konnte frei laufen. Heute roch das Gras so gut, sie wälzte sich, knurrte und fiepte und gab noch andere Laute von sich. Es war pure Lebensfreude.

Als Buffy auf der Straße etwas hörte, bellte sie und natürlich musste Messina mit einstimmen. Den Kopf hoch wie ein Wolf und los ging es mit dem Geheul. Sie rannte nach vorne um „nachzusehen" was denn dort los sei. Es war mein Nachbar den sie auch kennt. Als sie dies bemerkte, ließ sie sich knuddeln und war ruhig.

Morgens habe ich im Moment keine Chance mehr auf Gemütlichkeit. Beide fetzen die Stufen nach unten, sie sind schneller als ich. Buffy wartet zwar am Treppenabsatz immer anständig, aber wenn ich ihr das Kommando gebe, dann flitzt sie Messina nach. Vor der Haustüre allerdings wird das Training fortgesetzt. Da wird gewartet und als ich sie heute „anzog", setzte sie sich. Das fand ich so schön. Solche Kleinigkeiten fallen manchen Hundebesitzern vielleicht nicht auf, ich allerdings lege Wert auf Ruhe wenn ich das Halsband anlege oder abnehme.

Noch ein Fortschritt war, als ich heute meinen Miezen das Trockenfutter warf (mein Flöckchen fängt es in der Luft), war Messina ruhig. Sie schnüffelte nicht hektisch und war Buffy gegenüber auch still.

Unsere Abendrunde dauerte heute etwas länger. An den Zäunen lehnten die gelben Müllsäcke. Heute Nachmittag war sie schnell und biss bei einem eine Ecke ab, doch heute Abend haben alle gut gerochen. Da war wieder ErZIEHung angesagt. Da merkte ich wieder einmal, wie sehr sie doch um ihr Futter hat kämpfen oder es suchen müssen. Und dann wurde mir wieder bewusst, wie viel Glück Buffy hatte, als sie mit ca. sieben Monaten nach Deutschland kam. Und Messina hat jetzt ein spätes Glück.

Angeblich ist sie zehn Jahre alt und erfährt jetzt erst Glück. Ich denke schon, dass sie bei der Pflegefamilie sehr lieb gehabt und auch gut behandelt wurde, auch ihre Streicheleinheiten bekam. Aber jetzt hat sie ein Heim, regelmäßiges Futter, das Fell glänzt, aber nicht mehr wegen Fett oder Schmutz, sondern weil sie gutes Futter bekommt. Ihr Duft wird immer besser und sie hat schon ein knappes Kilo abgenommen. Ich hatte mich gewundert, dass sie doch so viel wiegt, aber ich habe mich erkundigt und weiß jetzt wahrscheinlich den Grund für die ein bis zwei Kilogramm zu viel. Um es kurz zu beschreiben: Fast Food. Dick machend und nicht sättigend. Kein Wunder, dass sie sich immer noch so auf ihr Fressen stürzt.

Als wir von der Abendrunde zurückkamen, stand sie im Flur und bellte kurz und heulte. Doch nicht mit mir. Geduldig musste sie ein paar Minuten auf ihren mit Futter gefüllten Napf warten. Aber auch das macht sie mittlerweile vorbildlich.

Schön, wenn ich bemerke, dass ich alles richtig gemacht habe. Sie legte sich auf den Rücken und streckte alle Beinchen von sich. Das ist wohlfühlen und ankommen.

DANKE

Guten Morgen

Vorbei sind die Morgenminuten, in denen mich meine Bettdecke noch nicht frei gibt. Um sieben Uhr war ich mit beiden im Garten, danach bettelten sie um Frühstück. Doch das Frauchen ging ins Bett und schlief noch mal ein. Beim nächsten Erwachen war die Freude der Fellnasen groß und ich musste erst einmal ausgiebig streicheln. Bei der Morgenrunde trafen wir auf den alten Rusty und die Begegnung war sehr ruhig. Es ist immer wieder schön zu beobachten, wie ähnlich die Hunde auf Messina reagieren, egal ob groß oder klein.

Wenn ich die Wohnungstüre öffne, dann gibt es kein Halten mehr und sie flitzt die Stufen nach unten. Man könnte wirklich denken, dass es ihr gefällt, dass sie diese nun so schnell laufen kann.

Das Warten vor der Haustüre klappte besser und als ich ihr das Halsband anlegte, blieb sie ruhig sitzen. Auch das Warten vor der Küchentür, wenn es Futter gibt, klappte die letzte Zeit sehr gut. Man kann dies gar nicht mehr verbessern und ich bin so stolz auf meine schwarze Blinde.

Die Runde am Nachmittag war wieder so schön. Oft lief sie vor uns und ich bin immer wieder verwundert, wie gut sie die Richtung inzwischen kennt. Faszinierend.

Ich beobachtete sie heute, wie sie auf einen Gehsteig tritt: Sie hebt das rechte Beinchen einmal höher in die Luft, doch der Gehsteig ist noch einen Schritt weiter weg. Verblüffend ist, dass sie überhaupt weiß, dass ein Gehsteig in der Nähe ist.

Messina ist wirklich tiefenentspannt. Egal ob Staubsauger oder Handwerker, sie hat die Ruhe weg und kuschelt sich in ihr Bettchen. Immer wieder gehe ich zu ihr und muss sie einfach küssen und streicheln.

Heute war ich sehr aufgeregt: Ich musste in einem Geschäft etwas erledigen und ließ beide Hunde im Auto, Buffy auf dem Rücksitz, wie immer, Messina in ihrem neuen Sitz, angeschnallt am Beifahrersitz. Als ich nach einer Minute wieder kam, standen Messinas Vorderpfoten auf dem Fahrersitz, der Rest war im Hundesitz. Das aber auch nur, weil ihr der Gurt nicht mehr Spielraum ließ. Irgendwann, wenn sie es besser kennt und auch weiß, dass sie bleiben soll, wird sie sicher entspannter. Wobei ich natürlich schon vorhabe, dass beide auf der Rückbank sitzen. Wir werden es üben.

Als ich heute das Abendessen vorbereitete, roch sie den Käse. Da war ihre Nase ganz schön lang. Sie machte sich groß und wollte weiter nach oben zum Tisch, doch ein kurzes Nein und sie unterließ es und ging aus der Küche. Klasse.

Tagsüber ist sie sehr ruhig, sie schläft viel und hält still, wenn ich meinen Miezen ihre Leckerli werfe. Das ist natürlich total genial. Auch wenn ich esse, bettelt sie nicht. Nur am Morgen, da heult sie wie ein Wolf, das dann heißen soll: Morgenstund´ hat Gold im Mund.

Ich muss wirklich sagen, dass ich mich verliebt habe. In eine alte, schwarze, blinde Hündin, von der ich so gut wie nichts weiß.

Eine riesige Freude machte mir Ulrike, ihre ehemalige Patin. Sie sandte mir ein Päckchen mit Leckereien für meine beiden und einen lieben Brief. Vielen Dank noch mal an dieser Stelle liebe Ulrike. Und natürlich an alle Menschen, die mir täglich Nachrichten zukommen haben lassen.

Und ja, Ihr habt recht, ich habe ein großes Herz. Aber für mich fühlt es sich normal an. In meinen Augen habe ich nichts „Weltbewegendes" getan und doch bekam ich dies zugetragen. Ich würde noch mehr helfen, wenn ich könnte, immer wieder blutet mir das Herz, wenn ich diese einsamen Seelen sehe, die alleine sind und auch alleine sterben.

Ich freute mich über jedes Wort von Euch und es wurde alles gelesen und im Herzen aufgenommen.

DANKE

Persönliche Nachrichten:
„Wow. Toll. Mein Herz geht immer auf bei so großartigen Menschen wir Dir. Schön, dass du ihr ein tolles Zuhause und Sicherheit dadurch schenkst."

„Ich finde es bewundernswürdig, wie Du Dich in dieser Aufgabe einbringst."

Ohne Leine

Als wir heute Morgen aufwachten, waren die Fenster voll von Schnee, und doch spitzte der strahlend blaue Himmel herein. Sobald Messina merkte, dass ich wach bin, wurde sie hyperaktiv und steckt damit auch Buffy an. Als erstes wurde sich gerekelt und gefiepst. Das war neu für mich, denn Buffy war immer fauler als ich, nun hält sie mit Messina zusammen und sie drängten mich nach draußen. Buffy wartete im Flur, doch ohne ihr einen Gutemorgenschmatz zu geben, wird die Wohnung nie verlassen.

Draußen wurde dann die Schneedecke gelb eingefärbt und die gewohnte Strecke zur „Toilette" stramm getrabt. Auf dem Heimweg ließ ich Messina frei laufen, also: Leine weg. Als sie in eine Garageneinfahrt laufen wollte, die sie ja nicht sah, rief ich sie und schnurstracks kam sie zu mir und machte -sitz-. Das macht sie gerne wenn sie gestreichelt werden will. Wenn sie es allerdings machen soll, keine Chance. Na gut, sie ist eine ältere Dame und es geht auch ohne diese Anweisung. Hauptsache sie bleibt, wo sie in diesem Moment ist.

Bei der Frühstücksausgabe ließ ich die Küchentür einen Spalt offen, sie bekam ihr Kommando und sie blieb wirklich auf ihrem Platz. Ich war total begeistert, denn das ist ein großer Erfolg.

Bevor wir am Nachmittag wieder einen Spaziergang machten, stand sie heulend wie ein Wolf und brummend im Flur. Auf meine Frage was los sei, ließ sie sich fallen; ich musste zuerst das Bäuchlein graulen, dann ging es aber raus in den Schnee. Mittlerweile kann ich auch das Brummen etwas besser einschätzen.

Auf dem Weg trafen wir zwei Jungs etwa im Alter von zehn Jahren. Einer davon sah Messina in die Augen und war sehr traurig über ihr Aussehen. Ich erklärte es ihm und sie fragten, ob sie sie streicheln dürften. Als hätte Messina das verstanden, ging sie zu den Jungs, machte -sitz- hob den Kopf und holte ihre Streicheleinheiten ab. Dann erkundigten sie sich nach Buffy, auch da gab ich Auskunft und der eine Junge erzählte mir dann, dass seine Familie auch einen rumänischen Straßenhund hat.

Als wir wieder daheim waren, bekamen meine Miezen Leckerli, doch als Messina das Trockenfutter hörte, kam sie dazu. So bekam sie eine Kleinigkeit und ich verband dies mit der Übung -bleib-. Es wird von Tag zu Tag besser. Klar gibt es immer wieder Situationen, in denen es nicht klappt, aber dann liegt es an mir, konsequent zu bleiben und ein gutes Timing zu haben.

Als ich von der Arbeit heimkam, gingen wir im Schneegestöber Gassi mit dem neuen, neonfarbenen „Mäntelchen". Ich möchte nicht, dass beide so arg nass werden und auch bei dunklem Wetter ist diese Neonfarbe genial.

Daheim versuchte ich, beim Futter vorbereiten, die Küchentüre ganz offen zu lassen, und ich strahlte über das ganze Gesicht, als Messina still stand. Zuerst füllte ich die Näpfe, gab Buffy den ihrigen und Messina auf einem anderen Platz den anderen.

So ist es von Tag zu Tag anders, entspannter, lustiger.

Allerdings will sie auch oft weg sein von uns. Heute Abend musste ich sie vom Schlafzimmer holen, damit sie auch einmal bei uns im Wohnzimmer ist. Vielleicht ist es ihr zu warm, ich weiß nicht, ob sie Wärme kennt. Ich bin das so jedenfalls nicht gewohnt, denn Buffy ist die meiste Zeit bei mir, oder wenigstens im selben Zimmer.

Aber ich dränge Messina nicht, wenn sie wach ist, ist sie immer anwesend und steht mir auch öfter im Weg. Aber das ist schön, denn ich bin verliebt.

DANKE

Persönliche Nachricht:
„*Schön, dass Du Dich dieser Aufgabe stellst und der Süßen ein liebevolles Zuhause gibst.*"

Innehalten

Messina, ein schöner Name. Der Name einer Stadt und meiner alten blinden Hündin. Danke Ulrike.

Du warst die Patin von Messina und hast sie damals so getauft. Doch wenn ich den Namen ausspreche, denke ich nur an diese wunderbare graue Fellnase, die mir immer mehr ans Herz wächst. Sie lässt mich innehalten und hinsehen. Lässt mich Nuancen erkennen in vielen Momenten. Lässt mich den Tag anders planen, weil alles etwas länger dauert.

Jeden Tag überrascht sie mich mehr, natürlich auch mit nicht so Schönem, wie heute Morgen: Es ging ihr nicht schnell genug und prompt machte sie wieder Pippi. Doch auf das strenge, leise Knurren meinerseits hat sie reagiert. Zum ersten Mal, seit ich sie habe, dass sie darauf eine Reaktion zeigte.

Und zwar im positiven Sinne: Als ich ihr Halsband umlegte, stand sie bewegungslos. Mittlerweile läuft sie die Stufen immer selbstständig. Buffy wartet immer auf mich und vergewissert sich, dass ich auch wirklich nachkomme, doch da Messina sowieso bisschen langsamer ist, ist das auch in Ordnung, dass sie vor läuft. Vor der Haustür übten wir wieder -bleib-, doch das ist wirklich schwer für sie. Sie kann es weder vor der Haustüre, noch vor der Wohnungstüre. Oder noch nicht. Ich vermute, dass sie mit ihrer Schnauze „sehen" muss, dass sie jetzt da ist. Trotzdem werde ich üben, ich möchte einfach, dass es eine Struktur gibt im Weggehen und im Nachhause kommen.

Als wir wieder zurück waren vom Gassi, bettelte sie nach Futter. Da wurde geschwänzelt und gewedelt und geheult, doch dem widerstand ich und machte mir zuerst meinen Kaffee.

Als Ruhe einkehrte, und das ging ziemlich schnell, gab es Fressen. Mittlerweile bleibt sie vor der Küchentüre stehen, Buffy steht immer neben mir. Ich konnte Buffy zuerst den Napf hinstellen ohne dass Messina in die Küche kam. Das ist natürlich ein riesengroßer Fortschritt. Wenn sie nun hört, dass ich mit ihrem Napf komme, wird geschnuppert wo ich ihn hinstelle. In diesen Momenten erinnere ich mich wieder, dass sie es ja nicht sieht. Denn wenn sie im Flur wartet, vergesse ich das: Sie sieht in meine Richtung und ihre Blindheit gerät in den Hintergrund.

Was mir heute auffiel, dass Messina überhaupt keine Haare verliert. Das habe ich nicht gewusst, dass es das gibt. Eigentlich müsste sie noch mal geduscht werden, doch im Moment ist es zu kalt und ihren wohligen Hundegeruch rieche ich gerne.

Der abendliche Gassigang war heute sehr lustig. Wir trafen Monika mit Hündin Lilli und Christa war wieder mit Lea dabei. Lilli begrüßte Messina respektvoll und ich verglich die Situation mit Menschen: Wie würde eine Fünfjährige einer blinden alten Frau begegnen? Wenn dies genauso wäre, wäre es toll! Meine Buffy hält sich mit dem Spielen etwas zurück, aber Lilli und Lea rannten umher und tobten, es war eine Freude zuzusehen. Ich allerdings hielt inne und hatte Mitleid mit meiner Messina. Spürte sie was um sie herum stattfand? Würde sie mit toben wollen? Fehlt es ihr in solchen Momenten?

Da kann ich nur spekulieren und hoffen, dass ich es meiner alten blinden Fellnase so schön mache, dass sie nichts vermisst.

DANKE

Kristallaugen

Heute Morgen lagen zwei Fellnasen fast nebeneinander. Mit der linken Hand wurde Messina gestreichelt, mit der rechten Hand Buffy. Jede streckte mir ihr Bäuchlein entgegen und ich atmete den wohligen Duft ein. Doch bevor Messina wieder Pippi machte, ging es sofort raus in den Garten. Sie wackelte die Stufen nach unten, vor der Haustür wurde das Halsband und die Leine angelegt, denn trotz Blindheit ist sie schnell. Und wenn sie die Richtung verwechselt, dann muss ich joggen um sie wieder einzufangen.

Danach ging es wieder in die Wohnung, aber Fressenszeit war noch nicht, denn ich schlüpfte noch mal unter die Bettdecke, schließlich war es draußen noch dunkel. Enttäuscht gingen die beiden auch wieder auf ihre Bettchen und der Schlaf kehrte noch einmal zurück.

Als wir alle etwas später richtig wach waren, schrieb ich meinem Nachbarn eine Nachricht ob er mit Gassi gehen will, er schrieb zurück, dass Sonntag sei. Tja, für Hunde ist immer Sonntag. Darauf meinte er, warum er dann kein Hund sein kann. Jedenfalls ging er mit uns und er bekam wieder Nachhilfe in Hunde führen. Buffy hat sich mittlerweile an das andere Ende der Leine gewöhnt, Messina hatte ich an der Leine. Unterwegs trafen wir meinen Nachbarhund Gusti. Er stürmte mit seinen 36 kg auf Messina zu. Kristin, sein Frauchen, hatte Angst er könnte Messina überrumpeln, doch ich wusste, dass er für Messina ein Gespür hat und kurz vor ihr stoppte er, als wäre Sekundenkleber unter seinen Pfoten. So schön, das immer wieder zu beobachten, wie toll die Hunde reagieren. Messina bekam auch ein Kompliment, weil sie abgenommen hat und eine tolle Taille hat. Sie wiegt nun genau 18 kg. Vor zwei Wochen 18,9 kg. Sie sieht wunderschön aus mit ihrem schwarzen, seidigen, glänzenden Fell, und laut Christa ihren Kristallaugen. Kurz danach trafen wir eine junge Hündin, auch sie ging wieder rückwärts und es war ein freundschaftliches, ruhiges Beschnuppern, ebenso die andere Hundebegegnung.

Dann endlich: Es gab Frühstück. Nicht nur für mich, Messina stand anständig im Flur, bis Buffy ihr Futter bekam und sie folgte mir auf ihren Platz. So toll. Allerdings hatten sie sich vorher wieder ganz schön „in den Haaren". Wie es wieder dazu kam, wusste ich nicht genau, aber ich denke, dass Messina an Buffy anstieß und Buffy dann brummte oder auch vielleicht die Zähnchen zeigte. Auf jeden Fall war es kurz laut, aber auch schnell wieder ruhig. Ich hoffe natürlich von ganzem Herzen, dass das immer seltener wird und die beiden einmal ganz dicke Freundinnen werden.

Da wir die nächste Gassirunde erst in fünf Stunden laufen wollten, beschloss ich, Messina noch einmal zu duschen. Ich hob sie vorsichtig in die Badewanne, machte langsam ihre Pfötchen nass und immer mehr von ihr. Da stand sie und bewegte sich nicht. Das Waschen klappte super, auch das abduschen. Dann merkte ich, dass sie bisschen zitterte, doch ich war schon fertig. Beim Abtrocknen stand sie auch ruhig und ich glaube, dass sie es genoss. Denn es gab natürlich auch tolle gute Leckerli als Belohnung. Diesmal war ich mit dem Timing schneller als sie sich schüttelte. Jeder, der seinen Hund schon einmal geduscht hat, weiß, was ich meine. Ich hielt zum richtigen Augenblick das große Handtuch vor mich, Messina schüttelte sich. Danach durfte sie das Bad verlassen und ich putze die Nässe weg. Was aber unglaublich war: KEIN einziges Haar von ihr, weder in der Badewanne, noch am Handtuch, noch auf den Fliesen. Ein Hund, der nicht haart, unfassbar!

Danach schlief sie gleich ein und ich deckte sie mit der roten Decke zu. Als sie zwischendurch einmal aufstand, fiel die Decke nicht zu Boden, so schritt sie paar Minuten mit der Decke auf ihrem Körper durch die Wohnung. Herrlich. Immer wieder zaubert diese alte, blinde Hündin ein Lächeln auf meine Lippen und erwärmt mein Herz.

Sie schlief lange und ich musste sie wecken, weil wir eine Verabredung mit anderen Hunden hatten. Das Wetter war Gott sei Dank trocken, sodass ich wusste, dass Messina nicht friert, denn sie war noch etwas feucht. Die Runde war schön, doch diesmal musste ich oft auf Messina aufpassen. Viele Hundebesitzer lassen ihre Hunde auf der Wiese buddeln und ich wollte nicht, dass Messina stolpert oder fällt. Wir haben auch mittlerweile viele, ziemlich große Biberlöcher und meine Aufmerksamkeit galt nur ihr, sie um diese Löcher zu locken. Ich hatte Lekkerli dabei und es wurde bisschen geübt wie z.B. -Stopp-. Das machte sie so toll.

Wir waren lange unterwegs und als wir daheim waren, war der Hunger natürlich groß. So bekamen beide gleich ihr Fressen, weil sie mich beide mit ihren Blicken anhimmelten. Wer kann da Nein sagen, geschweige denn auf die Uhr sehen. Bisschen fehlt sie mir, denn sie liegt immer im Schlafzimmer und selten bei uns im Wohnzimmer. Ich vermute, dass es ihr zu warm ist.

Mein Herz und mein Kopf sind froh, dass ich sie habe. Buffy ist manchmal noch sehr skeptisch, nach zehn Jahren kenne ich ihren Blick, aber meine Hoffnung ist groß, dass diese beiden Fellnasen wirklich einmal Freundinnen werden. Um diesen Gefallen bitte ich und sage wieder einmal:
DANKE

Lachen

Als ich heute aufwachte, verhielt ich mich leise und die zwei Fellnasen dösten weiter. Wenn nämlich meine Miezen aufwachen, dann wollen die Hündinnen auch nach draußen. Aber heute nicht mit mir. So schlummerte ich noch eine knappe Stunde und der Flur war trocken, das freute mich sehr. Mit Messinas Stubenreinheit wird es immer besser.

So viel wie heute hab ich mit den beiden noch nicht gelacht. Wenn Messina aufwacht, dann wackelt das Schwänzchen, sie ist aufgedreht, knurrt, bellt und wenn sie sich streckt, rutschen ihre Vorderpfötchen auf den Fliesen nach vorne. Als sie mit Buffy spielen wollte, es war ein kurzer Moment, war Buffy skeptisch und leider war der Moment schnell vorbei. Ich denke, dass sie noch kein Vertrauen zu Messina hat, weil sie doch schon öfter wie eine Furie war. Was aber Buffy oft bei den Miezen macht: Sie läuft hinter ihnen her und nimmt ein Hinterpfötchen sanft in ihre Schnauze. Und das tat sie heute bei Messina auch. Es war herrlich das zu sehen.

Heute wurde Messina viel geknutscht, sie riecht wohlig, glänzt und sie wird immer schöner. Ihre schwarze Farbe, die wunderschönen Augen, bei denen man meint, dass sie einen sehen, es ist unglaublich! Was mir bewusst wurde, dass sie noch nie eine Übersprunghandlung machte, zum Beispiel Ohren kratzen. Buffy macht das oft, wenn Besuch da ist oder nach knapp zehn Jahren noch bei mir. Messina noch gar nicht. Obwohl diese Handlung Balsam für die Hundeseele ist, hoffe ich doch, dass es Messina gefällt wenn man sie kuschelt. Ich denke aber schon, denn sie würde sich sicher anderweitig bemerkbar machen wenn es ihr nicht passt.

Als ich heute meinem Nachbarn half, waren meine zwei Hündinnen mit im Garten dabei. Buffy lag völlig entspannt auf ihren bestimmten Plätzen, Messina musste zuerst alles erschnüffeln. Schön war, dass sie nicht weit weg ging. Als ich im Haus war, wartete sie im Vorplatz auf mich. Sie „sah" mich nicht reingehen, wusste aber, dass ich im Haus war.

Als ich später in die Arbeit musste, hatte ich Bedenken, weil ich heute noch keinen langen Spaziergang machte. So ließ ich mich überraschen ob sie langsam stubenrein werden würde. Und tatsächlich war alles in Ordnung als ich heimkam. Sie begrüßten mich beide überschwänglich und ich ließ mich auf diese große Wiedersehensfreude ein.

Ich beobachte Messina immer noch gerne, wenn sie auf den Gehsteig geht. Sie weiß schon ein paar Schritte vorher, dass sie die Pfötchen höher heben muss. Wenn sie dies macht, sieht sie aus wie ein Turnierpferd. Als wir unsere Abendrunde drehten, ertappte ich mich bei dem Gedanken, dass sie sich absolut sicher bei Dunkelheit bewegt und freute mich. Bis ich mich erinnerte, dass sie sich ja immer in dieser „Dunkelheit" bewegt. Ich habe sie jetzt über zwei Wochen und sie lässt mich ihre Blindheit oft vergessen. Zum Beispiel bleibt sie oft stehen und schaut in die andere Richtung, der Kopf ist oben, die Ohren sind noch mehr gespitzt. Für mich wäre es so schön zu wissen, was sie in diesen Momenten wahrnimmt.

Heute war für mich ein trauriger Tag und manchmal muss man diese Traurigkeit leben. Mich überkamen immer wieder Verlustängste. Es ist wunderschön mit Tieren zu leben, in meinem Leben sind es die zwei Hündinnen und zwei Miezen. Und wenn man einen Hund hat, wird man sich immer wieder bewusst, was Gott Wunderschönes erschaffen hat.

GOD hat den DOG erschaffen, unseren größten Freund.

Es sind nicht nur Hunde. Diese beiden Lebewesen sind mein Sinn, mein Glück. Sie sind meine Lehrer und meine Therapeuten. Sie sind meine besten Freunde.

DANKE

Persönliche Nachrichten:
„Danke für die Nachrichten, ich lese sie immer wieder. Das ist echt richtig schön, wie wahnsinnig schnell sich Messina trotz ihrem Alter und ihrer Blindheit entwickelt! Daran sieht man, wie mega dankbar sie dir ist."

„Schön der abendliche Bericht, ich freue mich schon tagsüber drauf."

Angst

Nun war ich zwei Nächte nicht mehr unten im Garten und mein Flur ist trocken. So schön. Immer wenn Messina draußen ihr Pipi machte, wurde sie immer überschwänglich gelobt und vielleicht trägt dies jetzt Früchte.

Heute Morgen jedoch war ich wieder voller Angst. Als ich aufwachte, lag jede Hündin noch wohlig auf ihrem Bettchen. Ich stand auf und kniete mich zu den beiden. Messina stand als Erste auf, rekelte und streckte sich und legte sich auf den Boden. Buffy lag links neben mir, Messina rechts. Buffy machte wieder ihre gewohnte goldige Übersprunghandlung und Messina deutete diese auch ganz kurz an, was mich sehr freute. Sie fing das Knurren und Bellen an, legte sich auf den Rücken und fühlte sich wohl. Buffy kam damit leider nicht klar, so hat sie, als Messina ihren Kopf in Buffys Richtung drehte, Messina in die Schnauze geschnappt. Daraufhin drehte Messina wieder durch und schnappte zurück. Ein kurzer Kampf, ich dazwischen, besser gesagt mein Unterarm. Ich schubste Buffy auf das Bett und beruhigte Messina.

Gott sei Dank war es nur ein „Streifbiss", also nichts Schlimmes passiert. Buffy war ziemlich durcheinander, ich sah das an ihrem Blick und ihrer geduckten Haltung. Sie kommt allgemein mit lauten Geräuschen nicht klar, aber mich wunderte es wieder einmal, dass sie Messinas Körpersprache nicht beachtete. Vielleicht bin ich nicht ganz unschuldig, weil ich Messina immer zurechtweise, wenn sie bellt. Der Ton macht die Musik und ich werde mich ändern müssen.

Messina war schnell wieder beruhigt, Buffy allerdings nicht. Sie getraute sich nicht an Messina vorbei, erst als ich sie lockte und ihr Halsband bewegte, kam sie langsam aus der Wohnung. An der Treppe war alles wieder friedlich, ebenso beim Gassi gehen. Wobei ich Buffy schon genau beobachtete und merkte, wie sie Messina „scannte". Als wir von der Morgenrunde zurück waren, standen beide nebeneinander, Buffy wurde ohne Probleme zuerst gefüttert, Messina wartete anständig bis ich ihr den Napf brachte. Danach musste ich außer Haus, ich war aufgeregt, dass sich die beiden streiten. So ließ ich Buffy auf ihrem Platz (auf einer Decke auf meinem Bett), da wusste ich, dass sie keine Begegnung mit Messina haben würde, weil Messina nicht aufs Bett springt. Als ich nach Hause kam, war Gott sei Dank alles in Ordnung und ich wurde von beiden begrüßt indem beide auf mich zukamen.

Wenn Messina mit wenig Abstand an der liegenden Buffy vorbei geht, kommt von Buffy ein leiser, kurzer Brummer aus ihrer Kehle. Was Buffy auch bei den Miezen gerne macht: Sie schleicht hinterher und macht einen zarten Schnapper in deren Hinterbeinchen. So spielt sie immer mit den Miezen. Doch ich hatte Bedenken, dass dies Messina nicht gefällt, wobei sie das heute nicht beachtete als Buffy dies bei ihr tat. So rief ich eine Hundetrainerin an, denn an diesem Problem muss ich arbeiten.

Während der Abendrunde trafen wir einen entfernten Nachbarn, er lernte Messina heute kennen. Und als Messina ohne mich Richtung Haus lief, war er sehr verblüfft, wie sicher sie sich bewegt. Danach waren wir kurz im Garten und Messinas Nase war genial. Sie schnupperte durch den Zaun am Komposthaufen vom Nachbarn. Da ich allerdings heim wollte, zog ich sie weg, ging in das Treppenhaus und machte die Leine ab. Was machte Messina: Drehte sich um, schlüpfte durch die sich selbstständig schließende Türe und diese alte, schwarze, blinde Hündin lief den Weg zurück zum Komposthaufen. Ich war mehr als sprachlos. Natürlich holte ich sie mit der Leine ab.

Am Abend bekam sie ihre Schmuseeinheiten, denn sie liegt ja leider nur im Schlafzimmer oder im Flur auf den Fliesen. So wurde sie geknuddelt und sie hielt ganz still.

Und wenn ich am Abend, so wie jetzt, beim Schreiben bin und die schönen Momente Revue passieren lasse, weiß ich, dass dies Glück ist. Sie lässt mich lächeln und staunen.

DANKE

Meine Sprache ändern

Gestern, am späten Abend, ist noch etwas passiert. Ich war mit den Nerven ziemlich fertig und nicht nur ich, sondern auch Buffy. Wir waren noch im Garten und plötzlich bekamen sich die zwei Fellnasen in die Wolle. Aber so schlimm, dass ich die beiden nicht auseinanderbrachte. Buffy und Messina waren derart laut und rauften sich, ich hatte totale Angst. Als sie endlich voneinander abließen, war für Messina alles wie immer, aber Buffy war total verstört. Sie traute sich nicht ins Haus, geschweige denn in das Schlafzimmer, wo die beiden ihre Bettchen haben. Ich lockte Buffy auf ihre Decke auf meinem Bett und diese wollte sie dann auch nicht mehr verlassen. So blieb sie bei mir, was sonst überhaupt nicht ihre Art ist. Das Schwänzchen war eingezogen und als ich sie später auf ihr Bettchen locken wollte, hatte ich keine Chance. Sie bewegte sich keinen Zentimeter. So blieb sie bei mir, doch an Einschlafen war nicht zu denken. Bei jedem Geräusch hatte ich Angst, die beiden könnten sich wieder streiten. Schließlich schlief ich ein, und als ich aufwachte, war Buffy nicht da, sie lag im Wohnzimmer. Ihre komplette Körperhaltung und auch die Mimik ließen mir das Herz bluten. So schloss ich die Türe vom Schafzimmer, um ein Aufeinandertreffen der beiden zu vermeiden. Als wir etwas später gemeinsam die Wohnung verließen, war Buffy noch sehr unsicher, denn ein kurzes Geräusch von Messina und Buffy zuckte zusammen. Als wir draußen waren, war die Situation entspannter. Doch ich passte auf, dass die beiden nicht auf Körperkontakt zusammen trafen.

Als wir wieder daheim waren, war Gott sei Dank wieder Frieden, ich musste allerdings Buffy locken, dass sie sich nicht ins Wohnzimmer legt, sondern dass sie bei mir in der Küche blieb. Immer wenn Messina in unsere Nähe kam, drehte sich Buffy weg. Als Messina dann wieder knurrte und bellte, aber freundlich mit ihrer Rute wedelte, sah Buffy weg und ich merkte ihr den Stress an.

Doch in diesem Moment wusste ich, dass ICH den Fehler begangen habe. Denn immer wenn Messina knurrte oder bellte, sagte ich zu ihr -Schluss- und klatschte kurz in die Hände, denn dann war Ruhe. So versuchte ich den ganzen Tag, jeden Ton, den Messina von sich gab, positiv zu „kommentieren". Nicht lang, aber freundlich. Sofort änderte sich Buffys Verhalten. Das tat natürlich gut. Auch versuchte ich, wenn die beiden aufeinandertrafen, die Begegnung wie zufällig zu unterbinden, das klappte auch sehr gut. So nahm ich Buffy etwas den Stress.

Als wir am Abend eine Nachbarin trafen, bekam ich wieder ein Kompliment, wie toll es doch sei, dass ich einen blinden Hund aufgenommen habe. Doch so schwer ist es gar nicht. Ich finde es nicht außergewöhnlich, ganz im Gegenteil. Messina lässt mich so viel Gutes erleben.

Danach meldete sich die Hundetrainerin und gab mir Tipps. Diese wurden sofort geübt. Einer davon war, dass sie auf ihre Decke geht, natürlich in Verbindung mit dem Kommando. Sie machte es ja meistens nach dem Fressen, aber nicht, wenn ich ihr es sagte. In zwei Tagen wird die Hundetrainerin uns noch einmal einen Besuch abstatten und sich die Situation ansehen. Sowohl meine Körperhaltung als auch die der Hunde. Ich freute mich darauf, denn ich kann mich nur verbessern.

Ich war nämlich schon oft traurig und frustriert und habe mir gesagt, dass ich alles versuchen werde, dass es klappt mit mir und meinen 16 Pfoten. Und da die Miezen schon viel entspannter als vor zwei Wochen sind, werde ich das jetzt auch noch schaffen.

Nicht nur für mich, nicht nur für Buffy oder Messina, sondern auch für alle Menschen, die sich bei mir bedankt haben, die mich gelobt haben, dass ich so etwas tue und den Mut habe, eine alte, schwarze, blinde Rumänin aufzunehmen.

Ich werde mein Bestes geben.

DANKE

Angsttherapie

Heute war ein sehr schöner Tag mit meinen zwei Fellnasen. Ich war zwar noch etwas angespannt, als die beiden nah beieinander waren, aber ich verband es immer mit etwas Positiven. Die Begrüßung am Morgen war von Messinas Seite aus wieder sehr liebevoll. Sie ist so kuschelig und riecht so wohlig, man könnte in sie rein krabbeln. Da Buffy im Wohnzimmer schlief, war sie diesmal als Zweite dran und wurde auch ausgiebig gekuschelt.

Mittlerweile hat Messina draußen schon ihre gewohnten Stellen, an denen sie ihr Geschäft verrichtet. Zwar nicht so wie Buffy im Wald, aber trotzdem an Stellen, an denen man es gut aufheben kann.

Als wir unsere Runde drehten, war weit hinter uns eine ältere Frau. Messina hörte die Schritte, oder spürte die Bewegung des Bodens und drehte sich in diese Richtung. Ich blieb stehen und wartete auf die Frau, doch von Weiten sagte sie, dass sie Angst vor Hunden hätte. Ich sagte ihr, dass die Schwarze blind ist und sie gerne schnuppern will. Die Frau blieb stehen und Messina schnupperte an ihren Schuhen und an der Hose. Dann setzte sich Messina hin, hob den Kopf, wie sie es immer macht und die Frau fragte mich, ob sie streicheln dürfe. Na klar, und Mensch und Hund genossen. Es war so schön, eine blinde Hündin, der kaum drei Wochen hier ist, zaubert einfach mal so die Angst einer Frau weg. Gibt es etwas Faszinierenderes?

Als wir wieder daheim waren, warteten beide wieder anständig auf ihr Futter. Das ist mittlerweile überhaupt kein Thema mehr. Danach wurde mit Messina geübt, dass sie auf ihre Decke geht. Das klappt nach insgesamt fünfmal üben auch richtig gut. Ob es auch einmal klappt, wenn ich NICHT vorlaufe, bezweifle ich, aber ich genieße den Moment und freue mich, wenn sie es macht. Auch -bleib- klappt immer besser. Es ist herrlich anzusehen, wie sie dann sitzt: Wie eine Statue, Kopf nach oben, mit ihren großen Kristallaugen und der grauen Schnauze.

Wenn es bei mir an der Türe klingelt, bellen sie beide. Aber das ist schnell vorbei, wenn ich den beiden das Kommando gebe aufzuhören.

Am späten Nachmittag hatte ich einen Termin und ich wusste nicht, wie lange dieser dauert. Ich saß natürlich wie auf Kohlen, als ich nach weit über 3 Stunden immer noch nicht daheim war. Erstens wegen Pippi machen und zweitens wegen evtl. Streit. Doch weder noch. Seit Tagen ist der Flur trocken und beide schliefen im selben Zimmer und begrüßten mich, als ich heimkam.

Ich war so froh und es wurden beide geknuddelt. Dann aber nichts wie raus, Gassi gehen.

Wieder daheim, bekamen sie sofort ihr Futter, denn sie haben es sich absolut verdient.

Ich spüre zwar in meinem Gefühl noch Unsicherheit und bisschen Angst, aber es wird immer besser. Morgen Abend kommt die Hundetrainerin und ich bin gespannt was dabei raus kommt. Ich bin natürlich offen für Kritik, denn ich kann es nur noch besser machen.

DANKE

Vorfreude

Das Aufwachen mit Messina ist absolut goldig. Wenn sie aufsteht und in den Flur geht, lässt sie die Vorderpfötchen nach vorne rutschen und streckt sich. Dann wird sich fallengelassen auf die harten, kalten Fliesen. Buffy hingegen klopft mit dem Schwänzchen, macht ihre Übersprunghandlung und kuschelt ihren Kopf in meine Hand. Ganz ruhig und leise. Messina macht Geräusche, die man gar nicht beschreiben kann. Als ich heute Morgen am Bettrand saß, kam sie zu mir und legte ihre Vorderpfote auf mein Knie. Dann gähnte sie, schmiss sich vor meine Füße und ließ ihren ganzen Charme spielen. Sobald ich aber aufstand und mich anzog, gab es kein Halten mehr. Beide wollten nichts wie raus.

Unsere Runde war schön und mit etwas Training verbunden. Ich hätte sie gerne ohne Leine laufenlassen, aber ich wollte nicht, dass sie an irgendetwas anstößt oder den Weg verlässt und den Hang hinunterfällt. Aber ich denke, dass es irgendwann einmal möglich sein wird, wenn sie den Weg gut kennt.

Manchmal tut sie mir leid. Buffy sieht mit den Augen viel, sie sieht nach oben und will die Taube jagen, die über ihr sitzt. Sie stößt nirgends an, kann den Hindernissen aus dem Weg gehen. Sie sieht die Menschen, die ihr folgen oder auf sie zukommen und kann dementsprechend reagieren. Doch Messina nicht. Sie steht da, schaut zwar in die Richtung, doch weiß sie auch was auf sie zukommt? Ein Mensch oder ein Hund, der ihr wohlgesonnen ist? Weiß sie um ihr Handicap? Das geht mir oft durch den Kopf, doch wenn sie dann wieder vor mir sitzt, den Kopf nach oben und sich die graue Schnauze schmusen lässt, denkt man nur noch an Liebe statt an Mitleid.

Der Tag war schön mit schmusen, bisschen üben und natürlich viel schlafen.

Nach der Abendrunde bekamen sie beide sofort ihr Futter, denn bald danach kam die Hundetrainerin. Ich freute mich schon einige Zeit auf diesen Termin. Es war sehr lehrreich und ich machte mir Notizen von dem, was ich üben soll bzw. was ICH lernen wollte. Zum Beispiel mehr Vertrauen zu Messina zu haben und einmal auszuprobieren, wie sie die Leckerli aus meiner Hand nimmt. Bisher dachte ich, dass sie mir vielleicht den halben Finger abbeißt. Doch ich versuchte es und sie nahm es wirklich sanft.

Katja, die Trainerin, war begeistert, dass Messina mittlerweile im Flur wartet wenn es Futter gibt und auch keine Anstalten macht, in die Küche zu kommen, wenn Buffy schon frisst.

Sie machte mir Vorschläge, wie ich am Besten mit beiden Fellnasen trainiere, auch mit Leckerli. Das habe ich bisher nur einmal gemacht, danach gab es Streit. Doch jetzt weiß ich, wie ich es am besten mache und werde es auch umsetzen.

Und nun weiß ich auch, warum Buffy manchmal so reagiert. Sie ist gestresst und will auf mich aufpassen. Ich habe so oft den Hundeprofi im Fernsehen angesehen, als mir nun Katja erzählte wie es Buffy geht, war plötzlich alles klar. Nämlich, dass es MEIN Verhalten war. Doch ich wusste nicht, wie ich es ändern kann, dass ich damit Erfolg habe und es Buffy gut geht und sie entspannter wird. Dass ich IHR etwas abnehmen muss und nicht meine Hündin mir. Sie noch mehr loben und in das Training einbeziehen. Als sich die Hundetrainerin verabschiedete, wusste ich wieder einmal um mein Glück. Kein aufdringlicher Hund, der sich in den Weg drängt oder ähnliches. Beide Fellnasen waren relaxt, als wären sie es gewesen, die nun Einzelunterricht bekamen.

Alles ist gut und ich ertappe mich immer öfter dabei, dass ich ein Lächeln auf den Lippen habe. Nicht nur wegen Messina und weil ich jetzt einen „neuen" Hund habe. Nein, es ist der Weg, den ich jetzt gehe. Mit den Selbstzweifeln, der Freude, mit den Fortschritten, auch mit mancher nervlichen Anspannung. Und doch überwiegt das Glück.

DANKE

Mit dem Herzen sehen

Der gestrige Abend war noch sehr entspannt. Unglaublich, wie schnell die Fellnasen reagieren, wenn sich der Mensch richtig verhält. Buffy war viel entspannter und traute sich öfter an Messina vorbei. Beide schliefen wieder in einem Zimmer. Als ich aufwachte, war es noch dunkel, aber Messina war sehr unruhig, deswegen entschloss ich mich, in den Garten zu gehen. Wieder in der Wohnung warteten beide kurz auf ihr Futter, doch das gab es noch nicht und schnell lagen sie wieder in ihren Körbchen, aus denen dann auch entspannte Geräusche kamen. Beim zweiten Aufwachen wurde geschmust, Bäuchlein entgegen gestreckt, und Messinas Vorderpfötchen rutschten beim Strecken wieder nach vorne. Als ich die Wohnungstüre öffnete ging Buffy gleich nach draußen, Messina wollte nicht. Als ich ihr das Halsband anlegte, drehte sie sich weg und ging wieder in die Wohnung. Anscheinend wollte sie noch kuscheln. Doch wir mussten raus und drehten unsere Runde, viel gab es zu erschnuppern. Das Laufen wird für mich immer besser und schön langsam gewöhne ich mich daran, dass mich acht Pfoten begleiten. Unterwegs trafen wir Katja, die Hundetrainerin, mit ihrer Hündin Lille. Ich erzählte ihr gleich von dem Erfolg gestern und sie freute sich mit mir. So sah sie Messina und Buffy auch einmal zusammen im Freien. Es war eine andere Situation und die drei Hunde waren entspannt und friedlich.

Wieder daheim warteten beide geduldig und anständig auf ihr Fressen. Ist schon immer ein herrliches Bild wie sie vor der Küchentüre sitzen und warten. Nach dem Fressen verzieht sich Messina immer sofort auf ihren Platz und schläft. Sie kam die letzten Tage nicht einmal, als ich meinen Samtpfoten Leckerli warf. Das ist auch ein gutes Zeichen, denn sie weiß, dass sie nichts zu befürchten hat. Sie hat Vertrauen, dass sie nicht hungern muss und für sie alles in Ordnung ist.

Um die Mittagszeit gingen wir in den Garten. Hatte mich nach dem ersten Streit der beiden nicht mehr getraut, mit ihnen zu üben, geschweige denn mit Leckerli. Ich machte es so, wie mir es von Katja vermitteln worden ist: Buffy wurde bewegt und musste suchen, Messina musste bleiben. Als Hilfe legte ich die Leine um einen Pfosten und sie wurde nach zwei Schritten gestoppt. Sie lernte schnell und so ging ich ein paar Schritte rückwärts und sie blieb. Ich denke Messina hörte mich wie weit ich mich entfernte.

Herrlich, WIE Messina dann schaut, den Kopf hoch, der Blick zu mir. Ich machte davon ein Video und meine Freundin Christa, der ich dies sendete, meinte, dass mich Messina mit ihrem Herzen sieht. Da hat sie wohl recht. Und so nahm ich diesen wunderbaren Satz als Überschrift.

Die Zeit im Garten war wunderschön. Das letzte Mal, als ich mit beiden hier trainierte, war danach Krieg, heute war alles entspannt. Ich ließ Messina sogar frei laufen, zwar die Leine nicht ganz abgenommen, aber sie konnte weit weg. Doch sobald ich sie rief, kehrte sie um und kam zu mir. Und ganz kurz galoppierte sie wieder, zwar nur drei Hüpfer, aber ich wiederhole mich: Ein blinder Hund, der galoppiert. Ich konnte es nicht glauben, obwohl ich es sah. Es war wunderschön.

Als wir wieder in der Wohnung waren, wurde sofort geschlafen, so war der Nachmittag ruhig und ich konnte meine Sachen erledigen. Am Abend trafen wir uns mit Freundin Christa und ihrer Hündin Lea. So freute sich Buffy, dass sie wieder toben konnte und nützte dies auch aus. Währenddessen las Messina „ihre Zeitung", markierte oft und sah den Weg aus ihrer „Sicht".

Wir fuhren zu dieser Gassirunde mit dem Auto, und das -bleib- auf ihrem Sitz klappte wesentlich besser als noch vor einigen Tagen, als wir mit dem Auto unterwegs waren.

Vielleicht schafft sie es irgendwann einmal, selbst in das Auto einzusteigen. Noch hebe ich sie rein, aber ich denke, auch diese Aufgabe wird sie irgendwann meistern.

Es war ein schöner Tag für mich. Liebevoll und entspannt.

DANKE

Türe öffne dich

Gestern Abend machte ich noch die Übungen, die mir empfohlen wurden. Wenn ich Messina auf ihren Platz schicke, funktioniert das ziemlich gut. Doch sie ist so menschenbezogen, dass sie sich erst neben mich hinsetzt. Erst wenn ich auf ihre Decke klopfe, hört sie, dass sie auch darauf Platz nehmen soll und tut das dann auch. Meine Fellnasen bekommen am Abend immer Zahnputzbrocken und diese schmecken sehr lecker, sie sind hart und beim Kauen ist es richtig laut. Als Buffy im Flur den ihrigen kaute, blieb Messina trotzdem sitzen. Ich ging aus dem Zimmer, holte Nachschub und gab ihn Buffy. Messina blieb regungslos auf ihrer Decke. Besser konnte dieser Tag nicht enden.

Nun ist Messina endlich stubenrein. Seit vielen Tagen ist der Flur trocken und wir waren auch nicht mehr in der Nacht im Garten. Am Morgen wurde ich aber etwas nervös und beeilte mich, aus dem Haus zu kommen. Der Spaziergang war wunderbar. Bei strahlendem Sonnenschein aber heftigem Wind, waren wir lang unterwegs. Wir trafen insgesamt sieben Hunde* und ich beobachtete Messina sehr genau. Es kam Welpe Abby und Labrador Lenny, und dann noch eine Mischlingshündin Marla. Natürlich sah Messina ihre Gefährten nicht, aber sie musste sie erschnuppern. Sie stellte ihr Fell etwas auf und ich bat die Hundebesitzer zu reagieren, was sie sofort taten. Sie haben noch nie eine blinde Hündin gesehen und von daher war Messina sehr interessant. Buffy, souverän wie immer, saß in einigen Metern Abstand und wartete. Bisschen angespannt war ich schon, weil noch nie so viele

Hunde um Messina waren, aber alles ging gut, natürlich auch wegen den vernünftigen, netten Menschen. Unterwegs fotografierte ich noch etwas und übte den Rückruf. Doch das ist mittlerweile kein Problem mehr. Wunderschön, wie sie hört.

Etwas später trafen wir auf unsere Bekannte, Birgit mit Hündin Elli. Da war die Freude groß, denn die drei Hündinnen kennen sich schon länger, sahen sich aber ein paar Tage nicht. Dann trafen wir wieder auf die Hunde* (wie geschrieben) und es kam noch eine französische Bulldogge dazu. Elli ist eine 7 Jahre alte Straßenhündin, die gerne alles im Blick hat und alles lautstark kommentiert. Damit kam Hündin Marla nicht so gut zurecht, aber Messina war das egal, sie setzte sich zuerst zu Klaus, holte sich ihre Streicheleinheiten ab, danach bei Michael. Charme hat Messina, das muss man einmal erwähnen. Klaus war total begeistert wie Messina mit ihrer Blindheit lebt. Dies freute mich sehr, denn es gibt wenig Menschen, die das bemerken. Und Klaus bemerkte auch die Ruhe, die von den Hunden ausging, und die Akzeptanz. Als wir wieder daheim waren, war der Hunger groß und nach dem Fressen war Messina auch absolut erschöpft.

Tagsüber war es nicht so ruhig bei mir wie sonst. Sie bellte oft, doch auch da war ich gefordert mit Reaktion und üben. Es wird immer besser und es ist auch schön zu beobachten, wie Buffy dann in Messinas Gebell einstimmt. Ich finde das toll, denn auch unter diesen Umständen werden die beiden hoffentlich zusammen finden.

Um die Mittagszeit musste ich im Garten arbeiten, danach wurde geübt. Ich ging um einige Hindernisse, Messina folgte mir sehr sicher. Buffy meisterte alte Übungen aus der Hundeschule, währenddessen blieb Messina am Zaun angeleint, aber ich gab ihr das Kommando -bleib- und zwischendurch wurde sie natürlich immer wieder belohnt.

Ich glaube sie war entspannt. Doch in solchen Momenten setzt sie sich nie ab. Sie steht und hört. Der Kopf in unsere Richtung, als würde sie uns beobachten.

Beim Abendspaziergang mit ihren Freundinnen Lea, Elli und Buffy war sie richtig gut drauf. Die Leine schleifte neben ihr her, sie schnupperte immer wieder an den Maulwurfshügeln, ich passte lediglich auf, dass sie nicht aus Versehen ins Wasser fiel, wir waren nah am Ufer. Es war ein entspannter Spaziergang, viele Hündinnen, ohne Gebell und alles friedlich. Circa 300 Meter weiter gingen sechs Menschen mit ihren zwei Hunden spazieren, Messina blieb stehen und schaute in deren Richtung. Mich würde interessieren, wie sie dies wahrgenommen hat. Durch Geräusche oder Gerüche? Oder beides? Faszinierend zu sehen, wie sie auf der Wiese stand und in die Richtung der Gruppe sah. Als sie an Christa vorbei lief, lief sie ihr über die Schuhe, weil sie nichts sieht. Es war herrlich.

Wenn wir nach den Ausflügen wieder im Treppenhaus sind, geht sie nicht hoch, sondern wartet auf mich. Auch wenn ich sie aus dem Auto hebe, läuft sie ein paar Schritte, dann merkt sie, dass ich ihr nicht folge und sie dreht sich um und kommt zu mir.

Apropos Auto. Sie blieb heute in ihrem Sitz, weil sie nun weiß, was -bleib- ist. Das sind die Erfolge, die sehr wichtig sind, gerade wenn wir mit dem Auto unterwegs sind. Was Messina heute auch noch machte: Sie öffnete von innen eine angelehnte Türe mit ihrer Schnauze. Das machen noch nicht mal meine Miezen.

Ich habe tolle Hündinnen. Meine Buffy nehme ich anders wahr als in der Vergangenheit. Ich muss sie noch mehr beobachten und ihr gegenüber noch aufmerksamer sein. Verhaltensweisen, die ich bisher an ihr nicht kannte, kommen zum Vorschein und machen mich noch glücklicher. Meine Seele, meine große Liebe. Messina hört gut, sie sieht super aus und hat ein glänzendes Fell und wohligen Geruch. Sie macht mir keine Arbeit, durch sie lerne ich und sehe die Welt anders.

DANKE

Persönliche Nachrichten:
„Wenn man Messina so anschaut und beobachtet, wie sie reagiert und aufmerksam schaut, kann man nicht glauben, dass sie nichts sieht! Sie ist schon eine wirklich süße Maus. Wenn man bedenkt, wie kurz sie erst bei dir ist. Was hast du ihr in dieser Zeit schon beigebracht. Sie verhält sich wissend, bei dir das große Lob gezogen zu haben. Und das hat sie ja auch. Wünsche dir weiterhin soviel Freude und Liebe mit Messina."

„Wunderschön liebe Xandra, bleib am Ball. Du hast die richtige Strategie. Ich hatte anfänglich Bedenken, dass Buffy zu kurz kommt oder sich Messina unterordnen muss, aber Du machst das toll mit den beiden. Ihr seid schon ein eingespieltes Team."

Schneeköpfchen

Der Tag begann mit riesigen Schneeflocken. Doch trotzdem mussten wir die kuscheligen Betten verlassen, um raus zu gehen, was aber mit den neonfarbenen, regenfesten Sicherheitswesten kein Problem war. Es war herrlich, beide sahen schnuckelig aus mit ihren Schneegesichtern, meine schwarze Messina natürlich einmalig. So groß waren die Flocken schon lange Zeit nicht mehr und wir genossen den Spaziergang. Das erste Mal, dass ich ohne Regenschirm und zwei Hunden Gassi ging. Vor ein paar Monaten war dieser Gedanke, zwei Hunde zu haben, unmöglich. Jetzt ist es selbstverständlich und wunderschön. Wenn ich neben den beiden laufe und sie beobachte, dann muss ich lächeln. In einer Einheit laufen sie und wissen genau was sie wollen: Vom Haus weg, das Geschäft erledigen, „Zeitung lesen", und heimwärts, dem Futter entgegen, schön hintereinander, ohne dass ich die Richtung zeigen muss. Buffy und ich wollten noch in den Garten, wir liefen vor Messina, doch was machte sie? Bog in den Eingang der Haustüre ab. Ich dachte sie ist blind. Solche Momente sind nicht selbstverständlich und ich wunderte und freute mich. Dann, vor dem Haus, mussten beide warten. Es wurden die Pfötchen abgetrocknet. Auch wenn Messina kitzelig ist, es musste sein.

In der Küche standen beide wieder friedlich nebeneinander und auch das ist ein Glücksmoment für mich. Sowie Messina gefressen hat, verschwindet sie immer in ihr Bettchen. Buffy bleibt immer bei mir in der Küche, weil sie weiß, dass mir etwas Käse vom Teller fällt.

Als es klingelte waren beide sofort hellwach. Messina schlägt oft an; wenn sie die zwei Kinder im Treppenhaus hört, wenn es scheinbar irgendwo klopft und schnell stimmt Buffy mit ein. Da Buffy meistens in Sichtweite ist, reicht ein Blick von mir und sie ist ruhig. Messina wird kurz zurechtgewiesen und ist dann auch still.

Als ich von meinen Terminen nach Hause kam und die Wohnungstüre aufschloss, bellte Messina. Das hat Buffy noch nie gemacht und ist ungewohnt. Beide kamen mir im Flur entgegen, holten sich ein paar Streicheleinheiten ab, Buffy ging ins Wohnzimmer und Messina zurück in ihr Bettchen ins Schlafzimmer.

Kurze Zeit später gingen wir nach unten in den Garten. Ich beobachtete Messina, wie sie mittlerweile die Stufen nach unten läuft. Eine Stufe pro Vorderpfote, keine zwei Pfötchen mehr. Zwar noch langsam, trotzdem schneller als noch vor zwei Wochen.

Heute wurde nicht geübt, dazu war das Wetter zu nasskalt. So blieben wir nur ein paar Minuten. Wenn sich Messina zu weit entfernt, reicht nun einmal rufen und sie kommt zurück. Dann setzt sie sich vor mich hin und sieht mich mit ihren Kristallaugen an. Bevor wir wieder in die Wohnung gingen, trank sie zuerst aus der Wanne mit Regenwasser, Buffy tat es ihr gleich. Sie lieben es.

Als wir wieder in der Wohnung waren, übten wir -bleib- und -Pfote-.

Ich getraute mich auch, die beiden näher zusammenzusetzen. Diesmal übte ich mit Messina nicht auf ihrer Decke. Sie musste in der Küche bleiben, während ich außer Sichtweite ging. Es klappte super. Beim Pfötchen geben passt Messina auf, vielleicht ist sie unsicher, wenn ein Beinchen vom Boden weg ist. Buffy durfte ihre Leckerli suchen, dann musste sie bleiben, während ich das Leckerli irgendwohin warf. Erst auf Kommando durfte sie es suchen.

Danach merkte ich, wie aufgedreht Buffy war und so ließ ich sie nicht aus den Augen. Als Messina in ihre Nähe kam, zeigte sie die Zähnchen und war kurz davor, wieder zickig zu sein. Doch wir sind so ein eingespieltes Team, so verbunden, dass sie sofort reagierte, als ich sie kurz zurechtwies. Nach ein paar Minuten wurde sie ruhiger und es kehrte wieder Ruhe ein.

Der Abendspaziergang war sehr nass, es regnete in Strömen und wieder war ich ohne Regenschirm, ich hatte keine Hand frei bei zwei Hunden. Aber es gibt kein schlechtes Wetter, nur falsche Kleidung. Deswegen machte es mir nichts aus eine längere Runde zu laufen. Schade, dass Messina nie in unserer Nähe schläft, sie ist immer alleine in ihrem Bettchen oder im Flur. Das habe ich aber schon öfter gelesen von Straßenhunden. Vor Kurzem sah ich ein Bild, auf dem ein geretteter Beagle auf der Wendeltreppe schlief. So ging ich heute öfter zu ihr zum Schmusen und Schnuppern. Sie liebt es und ich liebe es.

Wenn ich beide alleine lasse, bin ich mittlerweile etwas entspannter, weil ich weiß, dass sie schlafen. Vorher hatte ich Bedenken, doch diese brauche ich nicht mehr zu haben.

Wenn ich meine Buffy mit in die Arbeit nehme, bin ich auch entspannt, weil ich weiß, dass Messina alleine bleiben kann und schläft. Ich habe das Glück, dass ich einen tollen Job habe, bei dem ich nicht viel außer Haus sein muss.

DANKE

Sanft

Messina ist nun vollkommen stubenrein. Seit zwei Wochen ist alles trocken und wenn wir aufwachen, muss ich mich nicht mehr beeilen. Ich denke, dass sie nun ihren Rhythmus gefunden hat und weiß, dass draußen ihr „Clo" ist. Das ist natürlich sehr schön, denn Hektik oder Stress hat mir Buffy nie beschert.

Als wir die Wohnung verließen, war Jasmin mit Tochter Laila im Treppenhaus. Da Buffy ja nicht anfassbar ist, schon gar nicht von Kindern, ist es jetzt umso schöner, eine verschmuste Hündin zu haben. Messina setzte sich vor die beiden, Kopf hoch wie immer und dann wurde sie gestreichelt. Es war so schön. Laila und Jasmin waren ganz begeistert wie sich Messina anfühlt. Seidiges Fell, wie ein kleiner Bär. Messina schnupperte die Kleine überall ab. Beim Gesicht angekommen, verzog Laila nur bisschen das Gesicht, das war ihr nicht so ganz geheuer, mir aber auch nicht. Dazu kenne ich sie zu kurz, doch ich denke nicht, dass etwas passieren würde. Messina ist eine Sanfte und Zarte, dass einem manchmal der Atem weg bleibt vor Rührung. Dann schleckte Messina die Fingerchen von Laila ab, es war ein wunderschöner Moment den alle genossen.

Meine Freundin hatte mir heute Morgen etwas vor die Haustüre gestellt, ich hatte das für einen kurzen Moment vergessen. Doch Messina mit ihrer guten Nase erinnerte mich daran. Wie von Sinnen schnupperte sie an der Tüte, in der Käse und getrocknete Kopfhautstücke waren. Schnell brachte ich diese Sachen in Sicherheit.

Auf unserem Gassiweg kamen wir heute an eine Treppe, die Messina noch nie gelaufen ist. Deswegen war sie sehr langsam und musste sie erschnuppern. Sie stolperte etwas, aber mit gutem Zureden machte sie das toll.

Wir waren drei Frauen mit vier Hündinnen und es war wieder einmal sehr schön. Bin gespannt wann Messina ihre Freundinnen so gut kennt, dass sie vielleicht auch einmal spielt? Spielt ein blinder Hund? Ich würde es ihr so gönnen. Sie lief so behutsam, wir mussten alle auf sie aufpassen, denn sie lief immer wieder zwischen unsere Füße. Wie sieht ihre Welt aus, die sie sich Tag für Tag neu erschnuppert?

Beim Heimkommen wusste sie sofort was vorher am Boden stand. Sie schnupperte wie verrückt, aber sie fand nichts. Da habe ich schon vorgesorgt, denn das hätte sie sehr schnell verspeist.

Nach dem Fressen verschwand sie sofort im Schlafzimmer und schlief. Sie lässt sich durch nichts stören, weder ein offenes Fenster, durch das der Sturm pfeift, noch der Staubsauger.

Als ich um die Mittagszeit von meinem Termin nach Hause kam, wurde ich vom Bellen beider begrüßt, Messina fing an, Buffy stimmte mit ein. Nach einer Begrüßung meinerseits war schnell wieder Ruhe.

Danach gingen wir in den Garten, diesmal ohne Leine. Buffy ein paar Meter voraus, Messina, selbstsicher hinterher, ich war das Schlusslicht. So schön zu beobachten wie sie läuft, immer wieder ist man verblüfft, dass sie blind ist. Wir übten etwas, es klappte besser als gestern und dann fing es an zu schneien. Schön, denn es waren schöne Schneeflocken auf Messinas herrlichem Fell. Eine Wanne mit Regenwasser steht im Garten, eigentlich mache ich darin immer meine schmutzigen Gummistiefel sauber und fülle dann sauberes Wasser nach. Das ist ein Muss, denn an dieser Wanne gehen sie nie vorbei, ohne Wasser zu schlabbern.

Wieder in der Wohnung verteilte ich Karotten. Messina wusste nicht so recht, was sie damit anfangen sollte. Auch nicht, als sie das Geschmatze von Buffy hörte. Sie spielte mit der Karotte und mit meinen Fingern, die ihr das Gemüse immer wieder schmackhaft machen wollten. Ohne Erfolg.

Dann war es Zeit, sie wieder alleine zu lassen. Ich musste in die Arbeit und nahm Buffy mit. Als ich wieder heim kam, wurde ich nicht begrüßt, das heißt, Messina bellt nur, wenn auch Buffy anwesend ist. Buffy saß zu diesem Zeitpunkt noch im Auto, ich holte Messina ab zur Abendrunde. Interessant, dass sie nur bellt, wenn Buffy bei ihr ist.

Beide bekamen ihre neonfarbenen Regenmäntelchen angezogen, die auch vor Nässe schützen, denn es regnete unermüdlich. Als wir den Spaziergang beendet hatten, fiel mir auf, dass Messinas Bauch nicht dreckig oder nass war. Christas und meine Hündinnen sind bis auf ein paar Zentimeter gleich groß, Lea und Buffy sind nass und dreckig, Messina nicht. Was hab ich nur für eine Hündin? Sie verliert keine Haare, sie wird bei Regen nicht dreckig am Bäuchlein, eigenartig, aber schön. Trotzdem mussten sie sich die Prozedur gefallen lassen, denn die Pfötchen waren nass. Dies gefiel Messina heute nicht so gut. Aber das muss sein und daran muss sie sich gewöhnen.

Nachdem ich beiden Futter gegeben habe, musste ich etwas aus meinem Vorratsschrank holen, Messina stand hinter mir, ich sah sie nicht. So schnell schaute ich gar nicht, war die Nase im Schrank und zack, packte sie die Papiertüte, in der noch ein Rest Zucker war. Ohne zu überlegen, nahm ich ihr diese ab. Sie war anständig, gab sie mir, wenn auch widerwillig, aber sie schnappte nicht nach mir. Das hätte ja sein können. Einiges macht man ohne zu überlegen und denkt erst hinterher was hätte sein können.

Als ich sie später im Schlafzimmer besuchte, überkam mich wieder Mitleid mit dieser alten, schwarzen, blinden Rumänin. Wie war wohl ihr Leben? Hat sie jemals etwas gesehen? Sie hatte Nachwuchs, das sieht man an ihrem Gesäuge. Hat sie jemals in ein freundliches Gesicht geblickt? Jemals einen Menschen so liebevoll wahrgenommen, wie Buffy mich? Wir beide kommunizieren ja viel über Blickkontakt. Das werde ich mit Messina nie tun können. Wird sie Buffys Art irgendwann verstehen und mit ihr spielen? Sie ist mir schon unendlich ans Herz gewachsen. So ganz anders als ich es bisher erlebte. Nicht nur weil sie blind ist, sondern auch alt.

Buffy war in etwa neun Monate jung als ich sie bekam und ich konnte sie „formen". Messina ist genauso alt wie Buffy jetzt, hat ihr Leben gelebt und ich hoffe, dass ich ihr es noch schön(er) machen kann, als sie es hatte. Schön, dass wir sie haben.

DANKE

Engel

Das Aufwachen ist immer wieder schön, egal wann. Da liegen die beiden Fellnasen wohlig in ihren Betten und atmen friedlich. Mittlerweile weiß auch Messina, dass sie weiter liegen bleiben kann, wenn sich eine Mieze bewegt. Schön langsam kennt sie auch meinen Rhythmus. Wenn sie dann doch aufsteht, wird das Aufwachen mit sonderbaren Tönen kommentiert. Es ist ein Brummeln, Quicken, Jaulen, einfach nur zum Lachen. So beginnt der Tag immer wieder lustig, auch ohne Sonnenschein. Wenn sie dann beide im Flur stehen, die Schwänzchen wackeln vor Vorfreude und kaum ist die Wohnungstüre offen, wird sich im Treppenhaus gestreckt. Wenn ich schnell bin, kann ich Messina das Halsband umlegen, Buffy wartet immer auf mich. Sie hat halt Erziehung genossen. (Lach)

Mittlerweile wissen auch die anderen Hausbewohner wann wir Gassi gehen, denn Messina bellt dies am Morgen immer laut ins Treppenhaus. Beide rennen vor mir her, sodass ich mich richtig beeilen muss, nachzukommen. Niemand würde bei diesem Anblick auf die Idee kommen, dass diese schwarze Hündin blind ist. Ich, das Ende der Leine, laufe den beiden nach, ein Grinsen im Gesicht, tagtäglich.

Nach der morgendlichen Runde und dem Füttern wurde sich sofort zum Schlafen gelegt. Gut so, denn ich musste arbeiten. Danach liefen wir eine schöne lange Runde, manchmal kam sogar die Sonne zum Vorschein. Es war eine Freundin und ihre junge Hündin dabei und wir trafen wieder auf einige Hunde. Heute war Messina so aufmerksam, ich dachte fast, dass sie mit den anderen Hunden spielen will. Doch ich traute mich nicht. Da möchte ich auf alle Fälle einmal die Hundetrainerin dabei haben. Nicht die anderen Hunde sind das Problem, sondern ich habe Angst, dass Messina eine Reaktion falsch versteht und dann so reagiert wie bei Buffy. Wobei ich heute auch kurz wahrnahm, dass die beiden spielen wollten. Doch da war ich noch zu verspannt. Es sind ja erst knapp vier Wochen, dass ich die beiden habe und irgendwann wissen sie, dass sie zusammen gehören. Es wird sicher gut.

Auf dem Heimweg traf ich eine ältere Frau, sie liebt Tiere und vor allem Hunde. Meine Freundin und ich trafen sie schon bevor ich Messina hatte. Sie hätte sehr gerne einen Hund, denn sie geht oft spazieren. Langsam aber regelmäßig. Als ich sie heute wieder traf, erzählte sie mir, dass sie eine Spinne als Haustier hatte, diese aber heute Morgen gestorben sei. Messina setzte sich vor sie hin und genoss die Streicheleinheiten und die Kosenamen. Die Frau nannte sie Engel. Auf meine Frage warum sie sich keinen alten Hund holt, der nichts anderes braucht außer Fressen, dreimal täglich einen kurzen Spaziergang und streicheln, meinte sie, dass ihre Tochter ihr es immer wieder ausredet. So etwas kann ich nicht verstehen. Eine alte Frau hätte einen alten Hund. Einem alten Hund für ein paar Monate noch ein schönes warmes Heim geben. Mit dem Abschied nehmen würde sie auch zurechtkommen, meinte sie. Man holt sich ja bewusst einen alten Hund und man ist dankbar, ihm noch paar schöne Monate zu schenken. Als wir uns verabschiedeten, sagte sie, dass dies jetzt unendlich traurig wäre. Und sie tat mir unsagbar leid.

Geübt wurde heute nicht, es war für die Hunde ein ruhiger Tag, aber wir waren insgesamt etwa zwei Stunden an der Luft. Meine beiden Fellnasen, es ist wunderschön und ich bin, wie immer, dankbar, dies alles erleben zu dürfen. Tag für Tag ein Stückchen mehr Annäherung, mehr Vertrauen und Liebe.

DANKE

Therapiehund

Heute Nacht wachte ich von einem kurzem „Streit" auf. So schnell war ich noch nie wach, als ich wieder ein Knurren hörte. Gefühlt mitten im Schlaf, „fauchte" ich mein scharfes Wort -Schluss-.

Anscheinend wollte Messina ihr Bettchen wechseln, in dem aber Buffy lag. Gott sei Dank sind sie von meinem Wort erschrocken und es eskalierte nicht. Als heute Morgen der Wecker klingelte war es fast noch dunkel, doch ich musste aufstehen, denn es hatten sich Handwerker angemeldet. Die Morgenrunde fiel deswegen kurz aus. Jede der beiden hat ihr „Stammclo" und somit waren wir zeitig wieder daheim.

Als es klingelte war es für Buffy eine ganz neue Situation. Man merkt, dass sie jemanden an ihrer Seite hat, die sie „verteidigen" muss, und das bin nicht nur ich. Das fiel mir schon bei der Morgenrunde auf. Sie beruhigte sich länger nicht als sonst, Messina dagegen war es egal.

Das Wohnzimmer wurde zur Baustelle, weil ein neues Fenster eingesetzt wurde. Die Handwerker beobachteten Messina, weil diese ihren gewohnten Weg nicht gehen konnte. Sie stieß an die Leiter, an die Kartons, bis sie sich wieder auf ihr Bettchen legte. Manchmal öffnete sie die Augen, grummelte vor sich hin, schlief aber immer wieder ein.

Nach meinem Termin liefen wir eine längere Runde und trafen wieder die ältere Dame, die vor Messina Angst hatte. Sie fragte mich: „macht der was?". Ich sagte ihr, dass es eine alte, blinde Rumänin sei, die schnuppern und gestreichelt werden will. Erst langsam und vorsichtig, dann mit einem strahlenden Lächeln streichelte sie Messina. Ich sagte, dass Messina ein Therapiehund sei, der den Menschen die Angst vor Hunden nimmt. Sie lachte und herzte Messina mit einer Freude, dass mir das Herz aufging. So schön zu beobachten wie die Menschen reagieren. Erst sehen sie einen schwarzen Hund und sind skeptisch. Dann sehen sie die Augen und empfinden Mitleid. Bei Menschen die Angst haben, ist das Eis dann schnell gebrochen und es ist für sie eine Wohltat das seidige Fell zu kraulen. Messina „sieht" den Menschen währenddessen mit ihren blinden Kristallaugen ins Gesicht oder in die Seele. Herrlich.

Als wir wieder daheim waren, machten die Handwerker Mittagspause und es roch sehr gut nach Wurstbrot in meiner kleinen Küche. Tierlieb, wie die jungen Männer waren, ließen sie die Hunde in die Küche, doch Kilian war nicht schnell genug seinen Rucksack zu schließen und ruck zuck schnappte sich Messina die Tüte mit dem Brötchen. Doch auch in diesem Moment hatte ich keine Angst, ihr das abzunehmen. Ich glaube, dass sie nun weiß, dass sie für nichts kämpfen muss. Da mein Wohnzimmer nicht bewohnbar war, richtete ich mich im Schlafzimmer ein, im Kleiderschrank schliefen meine Miezen und die alten Fellnasen um mich herum. Immer wenn die Handwerker zur Tür hereinkamen, wurden sie laut begrüßt. Aber gut so, so konnte ich gleich üben.

Dann hatte ich einen sehr spontanen Termin und musste außer Haus. Unüberlegt ließ die ich die beiden im Schlafzimmer. Wenn sie gestritten hätten, wäre es schlimm gewesen. Beide waren auf engem Raum zusammen. Als ich wieder heim kam, hörte Buffy meine Schritte und ich wurde schon im Flur begrüßt, dann kam Messina dazu und beide waren ganz nah zusammen. Das war für mich so herrlich anzusehen. Denn mein größter Wunsch wäre, dass sich die beiden kuscheln oder so gut verstehen, dass ich sie zusammen im Auto auf die Rückbank setzen kann, was ich im Moment noch nicht machen kann.

So ein aufregender Tag heute, für alle Beteiligten. Für mich ein ungewohnter Tag, weil ich meine Buffy ganz anders kennenlernte. Mit ihrem Instinkt, ihrem Schutz aber doch mit ihrer Verletzlichkeit.

DANKE

Aus dem Gleichgewicht

Am Abend besuchten wir noch meine Freundin. Da mein Wohnzimmer noch Baustelle war, unordentlich und kalt, packte ich Essen ein und wir machten uns auf den Weg. Vorher allerdings putzte ich noch eine Pinkelpfütze im Wohnzimmer von den Fliesen. Ich entschuldigte es mit dem ganztägigen Stress der beiden Fellnasen. Sie mussten ja aufpassen, kommentieren und ab und zu war ich auch nicht daheim, um sie abzulenken. Das heißt, sie waren schon gestresst und hatten sicher auch Schlafmangel.

Es war das erste Mal, dass ich mit Messina zu jemandem fuhr. Sie beschnupperte alles und legte sich dann auf einen Kuschelteppich. Es gab lecker Essen und Messina war sehr brav, bettelte nicht, obwohl es sehr gut roch. Nach dem Essen sahen wir TV und ich nahm sie mit zu mir auf das Sofa. Buffy lag bei meiner Freundin. Messina war allerdings sehr unruhig, erst nach einer halben Stunde legte sie sich etwas ab. Plötzlich stand sie wieder auf und lief unruhig hin und her. Dann pinkelte sie in den Flur, obwohl sie sich vorher erleichtert hat. Gut, dass ich sie beobachtet habe, so kann ich das nächste Mal handeln. Ich glaube, dass sie einfach erschöpft war oder nicht in ihrem seelischen Gleichgewicht. Der Tag war zu aufregend. Dann legte sie sich wieder auf den Teppich neben Buffy und alles war entspannt. Vielleicht hat den beiden die Zeit auf engem Raum gut getan. Auch das miteinander Bellen. So komisch es klingen mag, aber vielleicht haben sie deswegen etwas zueinandergefunden?! Weil beide wegen dem gleichen Grund gebellt, ihr Revier verteidigt haben. Auf alle Fälle bin ich sehr froh, dass es jetzt so ist, dass sie so nah nebeneinanderliegen.

Am nächsten Tag waren die Handwerker noch einmal hier, so war der Tag wieder unruhig, aber besser als gestern. Ich konnte Messina schneller beruhigen und Buffy war auch entspannter. Messina besuchte die Handwerker und holte sich ihre Streicheleinheiten ab. Den beiden Männern gefiel das, denn so konnten sie immer wieder eine kurze Pause einlegen.

Es ist wunderschön wie genügsam meine Hündinnen sind. Ich konnte jetzt zwei Tage nicht allzu viel mit ihnen unternehmen und doch lieben sie mich und fordern nichts.

DANKE

Persönliche Nachrichten:
„Es ist für mich schön zu sehen, dass ein Tier eine Chance hat und Glück und Liebe fühlen darf. Ein Buch wäre sicher toll, denn es zeigt den Menschen, dass Tiere, auch wenn sie nicht mehr jung sind, wundervoll sind und das Leben bereichern."

„Huhu, ich finde Deine Geschichten sehr schön und freue mich, dass Du so eine liebe Hündin, die auch noch blind ist, zu Dir genommen hast."

Galopp

Ein wunderbarer Sonnenaufgang begrüßte uns heute und wir verabredeten uns mit Kristin und Gusti zum Fetzen. Was gibt es Schöneres als bei trockenem Wetter mit den Fellnasen spazieren zu gehen. Vor allem wenn sie sich gut vertragen. Wir ließen alle drei Fellnasen von der Leine. Es war total schön und die Lebensfreude von Gusti und Buffy übertrug sich auf Messina. Als Erstes musste sie sich Streicheleinheiten von Kristin abholen. Messina geht ja an keinem Menschen vorbei, ohne dass sie sich vor diesen hinsetzt und gestreichelt werden will.

Sie schnupperte an den Maulwurfshügel, erschnupperte sich auch die eine oder andere Maus, war aber immer in unserer Nähe. Es war total entspannt und freudig. Als wir auf dem Rückweg waren, verfiel sie in Spielfreude. Sie galoppierte und das nicht zu kurz. Dann schmiss sie sich auf den Boden, Bäuchlein nach oben und musste gekrault werden. Was muss diese alte blinde Hündin für ein Vertrauen haben, dass sie sich so auf mich einlässt. Ich bin dankbar, stolz und auch bisschen sprachlos.

Heute sind es vier Wochen, dass ich dieses bezaubernde Wesen habe. Kristin meinte, dass sie mich sicher jeden Tag mit etwas anderem überrascht und damit hatte sie recht.

Schnuppert Messina etwas, was für sie total interessant ist, habe ich mit Rufen noch keine Chance, wenn sie sich allerdings nur in der Richtung getäuscht hat, kommt sie sofort zu mir. Sie setzt sich vor mich ab als würde sie mir mitteilen, dass sie doch hier sei. Manchmal kommt dann auch das Pfötchen auf den Oberschenkel um dem noch mehr Ausdruck zu geben.

Und nicht nur bei mir, auch bei einem Hundebesitzer, den wir heute trafen. Er war ganz begeistert von ihrer liebevollen Art. Aber über dies habe ich ja schon öfter geschrieben.

Als wir wieder daheim waren wurde sich auf das Futter gestürzt. Manchmal denke ich, dass beide kurz vor dem Verhungern sind, so wird das Fressen verschlungen. Danach wurde sich sofort abgelegt und geschlafen. Als ein Hundefreund zu Besuch kam, er lernte Messina heute kennen, war dieser auch ganz begeistert von ihr. Das tolle Fell, ihr Charme und ihr Duft. Auch Buffys Duft gefiel ihm, denn das ist natürlich wichtig, dass man sich riechen kann. Ja, ich denke, dass sich jetzt alles „eingespielt" hat. Messinas Duft ist wohlig, sie hat keine Blähungen, Häufchen macht sie mittlerweile zweimal am Tag. Auch an so etwas kann man feststellen, wie lange eigentlich die Umstellung dauert. Egal ob körperlich oder psychisch.

Da eine Freundin krank ist, wollte ich helfen und nahm meine zwei Fellnasen im Auto mit zu ihr. Buffy sitzt nach wie vor hinten, Messina angegurtet auf dem Beifahrersitz in einem Hundesitz. Mit -bleib- klappt es immer besser. Sie wollte ab und zu aus dem Sitz, doch der Gurt ist kurz, so ging das nicht. Das sind gute Fortschritte, dass sie solange auf ihrem Platz bleibt, bis ich sie losschnalle. Auch lag sie heute bisschen entspannter in ihrem Sitz, vorgestern stand sie noch beim Fahren, ohne sich abzulegen.

Ich ließ beide aus dem Auto, Hündin Elli kam dazu und für mich war es Premiere mit drei Hunden zu laufen. Gott sei Dank kam nach ein paar Metern freies Feld und Wege, somit konnte ich wenigstens Buffy von der Leine lassen. Es war schönes Wetter, zwar kalter Wind aber Sonne und zwei Kinder spielten im Garten. Sie waren fasziniert von den drei Hunden und ich fragte sie, ob sie Messina streicheln wollen. Na klar. So wurde durch den Gartenzaun die Schnauzen von Messina und Elli gestreichelt.

Auch solche Momente sind für mich nicht selbstverständlich und die Besitzerin von Elli wurde mit Videos informiert, dass alles gut geklappt hat.

Der gestrige Tag mit wenig Bewegung wurde heute wieder ausgeglichen. Doch der Tag ist noch nicht zu Ende. Ich werde heute sicher noch die eine oder andere Überraschung und ein paar Schmuseeinheiten von meinen beiden bekommen. Da freue ich mich drauf.

DANKE

Gutes Gehör

Am Abend hatte ich noch einen Termin und musste das Haus verlassen. Dass die beiden in der Zwischenzeit schliefen, wusste ich. Als ich beim Heimkommen das Treppenhaus nach oben lief, hörte ich einen Hund bellen und das war nicht Buffy. Ich könnte mich nie anschleichen, Messina wachte auf und wusste, dass ich es war, die wieder heim kommt.

Am nächsten Morgen war es so entspannt wie noch nie seit ich Messina habe. Ich wachte noch in der Dunkelheit auf, sah kurz auf mein Handy und ich sah eine

Nachricht von Kristin, dass wir uns um neun Uhr treffen. Schön, gleiche Begleitung wie tags zuvor. Ich verhielt mich leise, auch meine Miezen waren ruhig, somit wussten meine Fellnasen, dass sie noch weiter schlummern konnten. Eine gute Stunde später stand ich auf und begrüßte sie beide. Normalerweise grummelt und brummt Messina, denn wenn ich auf den Beinen bin, kann es ihr nicht schnell genug gehen. Doch was machte sie, sie legte sich auf den Rücken in den Flur und nachdem ich sie knuddelte, legte sie sich wieder in ihr Bettchen. Das tat sie noch nie. Als ich etwas später Buffy rief, die dann auch kam, lag Messina immer noch und wollte nicht nach draußen. Erst als ich sie mit dem Halsband abholte, stand der müde schwarze Körper auf, streckte sich und trappte die Treppen nach unten. Im Auto war es entspannt, sie setzte sich und blieb, als ich aber „ihre" Türe öffnete, wollte sie sofort raus. Doch ich war konsequent und übte es, bis sie es abwarten konnte, dass ich sie abgurte.

Wir waren im Tal, wie einen Tag zuvor und trafen den kleinen, nicht kastrierten Gizmo. Messina fand, dass er sehr gut roch und wich ihm nicht mehr von der Seite. Da dieser Rüde allerdings sehr eigensinnig ist, wollte er nicht mit Gusti, Messina und Buffy laufen, sondern überzeugte sein Frauchen wieder umzukehren. Messina folgte Gizmo, denn wenn es um Gerüche geht, scheint sie zusätzlich taub zu sein.

So holte ich sie und nach ein paar Sekunden war dann ein Maulwurfshügel interessanter. Sie schnüffelte und steckte ihre Nase in ein Loch, doch als sie zum Buddeln anfangen wollte, verbot ich es ihr. Sie hörte sofort damit auf und machte es auch nicht mehr. Immer wieder interessant anzusehen, wie sie in eine Richtung „sieht". Sie scheint dann wirklich die Menschen mit ihren Hunden zu hören oder zu spüren. Die Menschen sind hunderte von Metern weg, doch Messina steht und „schaut". Dann war sie einmal etwas weiter von uns weg, zu überwältigend war wahrscheinlich der Geruch, da rief ich sie, sie kam nicht. Als ich ein paar mal in die Hände klatschte, galoppierte sie für einige Hüpfer in meine Richtung. Für einen Bruchteil einer Sekunde sah es so aus, als wolle sie mit Gusti spielen. Das sah auch Kristin und wir freuten uns. Vielleicht ist es ihr doch einmal vergönnt, zu spielen.

Wir waren sehr lang unterwegs und danach gab es Futter und danach wurde sich ins Bettchen gelegt.

Als ich später das Treppenhaus säuberte, ließ ich meine Wohnungstüre offen und Messina begleitete mich Treppenabsatz für Treppenabsatz und „ließ mich nicht aus den Augen". Das ist natürlich auch schön, wenn sie so in meiner Nähe ist.

Da ich meiner Nachbarin versprach, ihr im Garten zu helfen, verließ ich kurz danach schon wieder die Wohnung. Natürlich mit den beiden. Bei Buffy muss ich nur den Namen meiner Nachbarin sagen und sie weiß schon, wohin wir gehen. Klar, denn diese Dame hat immer sehr gute Leckerli. Während ich im Garten werkelte wurden die Zwei damit verwöhnt. Erst hatte ich Bedenken, denn Christa ließ sie zusammensitzen, doch sie waren sehr anständig, es gab keinen Futterneid. Danach hatten sie zu tun, denn sie erkannten meine anderen Nachbarn am Autogeräusch und diese wurden freudig begrüßt. So wurde gebellt und am Gartenzaun entlanggelaufen.

Als wir wieder auf dem Weg zu unserem Haus waren, flippte Messina aus und rannte wie gehetzt umher. Die Luft war geschwängert von Essensgerüchen und ich musste Messina einige Male holen, damit sie nicht auf die Straße läuft. Dort stand nämlich ein Auto, in dem etwas Essen lag. So blieb mir nichts anderes übrig, als sie an die Leine zu nehmen.

Daheim angekommen bekamen beide ihre getrocknete Kopfhaut, an der sie lange kauten. Als Messina damit fertig war, Buffy lag schon im Wohnzimmer zu meinen Füßen, holte ich Messina zu mir auf das Sofa. Doch leider blieb sie nicht lange. Schade, ich wollte kuscheln, doch sie liegt immer noch lieber auf den Fliesen im Flur.

Der Nachmittag war stürmisch und regnerisch und bis weit in den Abend machte keine Hündin eine Bewegung, das Haus zu verlassen. So wartete ich, bis sich eine von ihnen regte. So konnte ich auch noch etwas vor dem gemütlichen Ofen sitzen und entging noch etwas dem schrecklichem Wetter. Später verließen wir aber trotzdem noch die Wohnung, Frau Holle hatte an dem Abend keine Federbetten, sondern Wasserkübel. Ich zog Buffy das reflektierende Regenmäntelchen an, Messina konnte es nicht erwarten und rannte in Windeseile die Treppe nach unten. Es scheint ihr Spaß zu machen, weil sie es jetzt so gut kann. Buffy ist ja total wasserscheu und sie wollte sich gar nicht lange draußen aufhalten. So richtete ich mich gerne nach den Hunden und als sie heim wollten, ging ich auch. Vorher aber hieß es abtrocknen. Buffy stand still, Messina mag es mittlerweile nicht mehr so gerne. Am Köpfchen, im Gesicht und am Körper schon, aber bei den Pfoten hält sie nicht mehr still. Trotzdem wurde geübt, so kitzelig wird sie schon nicht sein.

In der Wohnung wurde noch bisschen geübt. Ich musste nicht mehr auf ihre Decke klopfen, damit sie auf diese ging. Vor ihr herlaufen musste ich noch, als sie das Kommando bekam, aber sie ging auf die Decke und setzte sich. Ob ich sie irgendwann einmal aus der Ferne dorthin schicken kann? Da bin ich gespannt, ab und zu versuchen wir es, doch das ist für sie noch schwer.

DANKE

Autofahren

Die Nächte sind mittlerweile entspannt, auch das Aufwachen. Es gibt keine Unruhe mehr wenn sich was bewegt. Ganz im Gegenteil, nun muss ich Messina öfter rufen als Buffy, wenn wir nach draußen gehen. Aber dann, wenn wir vor der Türe sind, ist sie wach. Meistens bellt sie kurz, damit auch die Nachbarn wissen, dass wir jetzt gehen. Doch ein kurzer Ton von mir und sie ist ruhig.

Heute Morgen vergaß ich tatsächlich, dass sie blind ist. Ja, unglaublich. Denn am Bahnhof angekommen, lief ich wie selbstverständlich die Stufen, doch noch rechtzeitig merkte ich, dass wir diese noch nicht oft gelaufen sind. Deshalb langsam, damit sie sich jede Stufe erschnuppern konnte.

Der Sturm war wieder sehr arg, durch den Wald gingen wir deswegen nicht. Buffy gefiel es überhaupt nicht, Messina war es egal. Mit ihrem schönen Bärenfell trabte sie durch die Natur und las alles was ihr vor die Pfötchen kam.

Wieder daheim wurde lautstark das Futter verlangt. Sie drängelte sich vor Buffy, doch eine kurze Anweisung von mir und sie unterließ es. Das war wunderschön. Vor der Wohnungstüre klappt das noch nicht so richtig, mir ist es aber wichtig, Buffy zuerst in die Wohnung zu lassen. Wenn Messina irgendwann einmal warten kann, dann ist es egal. Aber das warten MUSS sie lernen.

Und lernen muss sie auch, auf dem Rücksitz des Autos zu bleiben. Deswegen räumte ich heute mein kleines aber feines Auto um. Da ich aber noch skeptisch war, beide Hündinnen auf den Rücksitz zu platzieren, improvisierte ich und befestigte ein Plastikteil mit Spanngummis als Trennwand. Dann machte ich ihren Sitz fest und hob sie von der Fahrerseite aus in das Auto. Hinter den Beifahrersitz stieg Buffy ein.

Eigentlich wollte ich ein Stückchen weiter fahren, doch Messina war angespannt, und so fuhr ich nur eine kleine Runde durch den Ort um sie nicht zu überfordern. Es ist schon unglaublich, wie sie alles über sich ergehen ließ. Ich konnte sie hochheben, angurten, nur beim Aussteigen hatte sie es eilig.

Sie bekommt die Zeit, die sie braucht. Das wird werden. Jeden Tag ein Stückchen länger fahren, je nachdem, wie sie sich fühlt.

Ich muss mir auch in Zukunft immer wieder bewusst werden, dass sie blind ist. Schnell vergisst man es, weil sie so aufmerksam ist, wenn sie vor einem sitzt, und einen „ansieht". Wenn man ihr in bestimmten Momenten keine Aufmerksamkeit schenkt, kommt ein ganz sanfter Stupser mit der Nase, so quasi, „ich bin auch noch da". Ich finde es schön, dass sie sich bemerkbar macht. Nicht aufdringlich, sondern sanft.

Ich wollte heute mit ihr kuscheln, da hat sie ihre Pfote auf mein Gesicht geklatscht. Allerdings merkte ich an ihrer Reaktion, dass es ihr zu nah war. Als ich mich ein Stück entfernte, rollte sie sich zusammen und schlief ein.

Trotzdem war es schön ihr Fell zu spüren und ihr nahe zu sein. Sie hat es diesmal schon etwas mehr zugelassen. Etwas später holte ich Messina noch zu mir auf das Sofa. Sie ist fast ständig im Schlafzimmer auf ihrem Bettchen oder im Flur auf den Fliesen. Meine Miezen Emona und Flöckchen und Buffy waren bei mir, fehlte nur noch die Blinde. Deswegen wurde sie auf das Sofa gehoben. So ganz geheuer war ihr das nicht, man sah es ihr richtig an. Sie legte sich dann aber doch ab, Mieze Emona lag neben ihr und es war harmonisch. Emona war sowieso cool, denn als Messina nach paar Minuten unruhig wurde und das Sofa verlassen wollte, stoppte ich sie gerade noch rechtzeitig, bevor sie runter fiel. Messina stand fast über meiner Mieze, dieser machte das aber gar nichts aus.

Schade, wieder keine Hündin neben mir, aber wenigstens am Boden zu meinen Füßen. Buffy links, dazwischen der Tisch, rechts Messina. Welch ein Zufall, dass es gerade ein gutes Abendessen gab. Da beide sehr anspruchslos sind, bekamen sie etwas ab. Wollte auch testen, wie sich Messina verhält, wenn sie nichts mehr bekommt. Es war kein Problem, kein betteln und kein Hundeblick, sondern ablegen und entspannen. Sehr schön.

Eigentlich nahm ich mir vor, dass ich mit den beiden vor dem zu Bett gehen, nur noch in den Garten gehe. Unter Tag sind wir oft knapp zwei Stunden draußen. Doch als wir das Haus verließen, gingen sie nach rechts, das hieß für mich, den längeren Weg. Na gut, somit kam ich später ins Bett, aber die beiden bekamen auch ihr „Betthupferl" später und bewegten sich mehr.

Ich genieße natürlich diese Zeit. Wenn es wolkenlos ist, schaue ich in den Himmel, beobachte den Lauf der Sterne, der um diese Jahreszeit anders ist als im Sommer. Ich kann den Tag Revue passieren lassen, beten und mich bedanken.

DANKE

Immer in der Nähe

Am nächsten Morgen schliefen wir lang, keine der beiden zog es nach draußen, obwohl es nicht einmal regnete. Doch als ich die Wohnungstüre öffnete, flitzte Messina nach unten. Buffy, wie immer anständig, wartete.

Im Wald trafen wir Welpe Abby mit Herrchen Klaus, Senior Rusty mit Frauchen und Baby und wir schlossen uns ihnen an. Wunderschön, denn ich konnte Messina komplett frei laufen lassen, zu übersehen war sie nicht, ich zog ihr daheim das Neonmäntelchen an. Wir liefen eine große Runde und Messina war immer bei uns. Entweder schnupperte sie hinter uns etwas länger, oder sie zeigte uns selbstbewusst den Weg und lief voran. An der Weggabelung kam uns eine Joggerin entgegen. Da sie die Kurve recht eng lief, sagte ich ihr, dass sie aufpassen müsse, weil die schwarze Hündin blind sei. Sie blieb stehen und stoppte ihre Puls-/Zeituhr. Messina setzte sich vor die Frau, diese setzte sich auch und das Streicheln begann. Wir waren alle sprachlos, dass sowohl Mensch und Tier sofort so lieb zueinander sind. Ja, das schafft Messina immer wieder. Ich bedankte mich, denn das ist für mich nicht selbstverständlich.

Wieder daheim, wurde das Futter verschlungen und sofort schlief Messina ein. Zusammengerollt, kaputt und friedlich. Ich denke, dass solche Spaziergänge ziemlich anstrengend für sie sind. All die Gerüche, die Menschen, natürlich auch die Länge der Zeit. Manchmal hab ich Bedenken, dass ich sie überfordere, aber sie darf dann schlafen und niemand stört sie. Und Schlaf ist Erholung.

Bevor meine Arbeit begann, übten wir im Garten. Die Leckerlis wurden mit nach unten genommen und alles klappte hervorragend. Für einen kurzen Moment saßen beide sogar nebeneinander und ich konnte ihnen etwas geben. Doch ich bin immer noch vorsichtig. Wenn Messina allerdings das Rennen anfängt, dann hab ich mit meinen Kommandos keine Chance. Da trabt sie stur die Hofeinfahrt nach vorne und will in die Wohnung. Habe ich sie dann eingeholt, fällt es ihr ein was ich von ihr wollte und macht dies dann auch. Lieber spät als nie. Wir haben hoffentlich noch viel Zeit das zu üben und vielleicht wird sie es auch außerhalb des Gartens wissen was ich von ihr will.

Am Abend wurde sie auf den Rücksitz meines Autos gehoben. Buffy saß schon drin, Messina hob ich in ihren Sitz, der jetzt auf der Rücksitzbank ist. Allerdings klappte das mit meiner improvisierten Trennwand nicht so gut. Buffy hatte kaum Platz, weil meine Konstruktion nicht Stand hielt. Da wir mit Christa und Lea verabredet waren und der Weg nicht weit war, handelte ich nicht, sondern ließ es auf mich zukommen. Meine Bedenken waren unberechtigt, es klappte sehr gut.

Buffy traf endlich ihre Freundin Lea wieder und es wurde getobt, Enten gejagt, die aber Gott sei Dank auf dem Wasser waren. Messina schnüffelte wieder an den unzähligen Maulwurfhügeln und zweimal fiel sie richtig weit zurück. Es dämmerte schon, doch sie leuchtete mit ihrem Neonmäntelchen. Als ich sie rief, galoppierte sie auf uns zu. Aber nicht nur ein paar Hüpfer, nein, richtig lange und viele Meter. Mit einer Zielstrebigkeit kam sie angaloppiert und setzte sich uns vor die Füße, wir waren sprachlos. Beschreibe Glück in zwei Wörtern: *Solche Momente*

Wieder beim Auto, entfernte ich das Zwischenteil auf der Rückbank und hoffte, dass es keinen Streit gibt. Alles klappte gut, doch Messina war sehr unruhig. Sie legte sich nicht ab, sondern stand.

Wenn man sich wieder einmal in sie rein versetzt: Sie ist blind, wird irgendwo rein gehoben, dann das Geräusch, alles wackelt, die Kurven, dies alles ist sicher sehr aufregend. Die nächste lange Fahrt wird in ein paar Tagen sein, deshalb müssen wir die nächsten Tage noch üben. Ich bin mir aber sicher, dass sie es gut machen wird – mit meiner Geduld und meiner Liebe.

Nach dem Abendfutter holte ich sie wieder zu mir auf das Sofa. Doch sie fühlte sich sichtlich unwohl. Das flauschige Bettchen gefiel ihr besser, doch die Nähe oder die Wärme ließen sie bald wieder aufstehen, um sich auf die kühlen Fliesen zu legen.

Wieder ging ein Tag zu Ende, der mich oft lächeln und auch staunen ließ. Und nicht nur mich, sondern auch einige meiner Mitmenschen, denen wir immer wieder begegnen.

DANKE

Turbulent

Einer ruhigen Nacht folgte ein ruhiger Morgen. Nun muss ich mich nicht mehr beeilen, sondern erst einmal kuscheln. Buffy verlässt im Moment immer das Schlafzimmer, kommt aber wenn ich sie rufe, damit ich beide kuscheln kann. Messina fordert wesentlich mehr als Buffy, aber das genieße ich. Sie rekelt sich, niest, heute früh fuhr sie sich mit beiden Pfötchen zig mal über die Nase. Sie läuft mir mittlerweile oft nach, setzt sich vor mich hin, hebt die Schnauze und dann muss man fest ihren Kopf streicheln. Wenn man diesen in beide Hände nimmt, die Ohren nach hinten streichelt, genießt sie es. Erst dann ist sie zufrieden. Wenn man das nicht macht, wird sie laut.

Laut wird sie auch, wenn sie im Treppenhaus steht und wartet. Bevor ich sie bekam, dachte ich, dass ab dem Tag, an dem sie bei mir einzieht, alles etwas langsamer geht. Das war auch ein paar Tage so, doch das ist jetzt nicht mehr der Fall. Sie flitzt den Treppenabsatz runter, stellt sich hin und bellt. Tja, was will sie mir sagen? Das Schwänzchen wackelt heftig und ich bin froh, dass alle im Haus Hunde mögen, bzw. auch haben, und im ersten Stock die Kinder auch nicht immer leise sind.

Vor der Haustüre war dann aber Erziehung angesagt und sie musste stehen. Manchmal macht sie das schon am Treppenabsatz, setzt sich vorbildlich vor mich und lässt sich das Halsband anlegen.

Als wir schließlich draußen waren, kamen Buffy und ich ihr kaum nach, so schnell lief sie. An der Stelle, an der ich Buffy von der Leine lasse, machte ich heute auch Messina frei. Uns kam Australien Shepherd Hündin Cara entgegen, doch als diese Messina sah, bekam sie Panik. Frauchen meinte, dass es wegen der Farbe schwarz sei. Wir trennten uns und gingen weiter. Messina ließ sich zurückfallen und als ich sie rief, galoppierte sie zu mir, den langen Weg. Bevor ich sie bekam, hatte jemand Mitleid mit mir, weil dieser Mensch meinte, dass ich mir einen

Hund hole, den ich nie von der Leine lassen könne. Leider weiß ich nicht mehr wer das war, denn dieser Mensch müsste sich diese Momente nun ansehen.

Er wäre wahrscheinlich sprachlos.

Danach trafen wir Elke und sie war auch ganz begeistert von Messinas Charme. Denn sie legte sich nach drei Leckerlis gleich vor Elkes Füße und das mitten auf dem Weg. Als Elke in die andere Richtung ging, kam Messina zu mir, das machte sie noch nicht so oft. Ich kann es noch nicht unterscheiden warum sie manchmal mir folgt oder manchmal den anderen Leuten. So wie ein paar Minuten später. Wir unterhielten uns mit den gleichen Hundebesitzern wie gestern, die Hunde begrüßten sich, es war wieder ein Rudel von vier Hündinnen und einem Rüden. Dann kam eine Joggerin und als diese sich entfernte, lief Messina ihr nach. Ich hatte keine Chance sie zurückzurufen. Sie merkte nicht, dass sie der falschen Person folgte. So joggte ich ihr nach und holte sie ein.

Daheim schlief sie, nach der Raubtierfütterung, sofort ein. Ich musste außer Haus und als ich mit dem Auto wieder auf meinen Stellplatz fuhr und aus dem Auto stieg, hörte ich Messina bellen. Sie hörte das Auto und wusste, dass ich es bin. Denn wenn ich weg bin, ist sie leise, so sagten jedenfalls meine Nachbarn.

Da es strahlender Sonnenschein war, verabredeten wir uns mit Christa und Tina und deren Hündinnen Lea und Ella. Um zum Treffpunkt zu gelangen, mussten wir allerdings wieder kurz mit dem Auto fahren. Das klappte gut, doch Messina saß wie erstarrt. Ich hoffe natürlich, dass es für sie bald besser wird. Ich beobachtete sie, sie hechelte nicht oder ähnliches. Und ich glaube, dass meine Stimme sie beruhigte und vielleicht auch Buffys Geruch.

Auf der Wiese war es wunderschön, die Hunde schnupperten, planschten im Wasser und freuten sich. Messina war das Wasser nicht so geheuer. Vielleicht kennt sie das nicht?! Wir alle genossen das tolle Wetter und wollten nicht heim. So blieben wir noch eine kleine Weile in der Sonne. Einfach im Jetzt und im Augenblick. Die Hunde kuschelten mit den Menschen und Messina streckte das Bäuchlein der Sonne entgegen.

Die Heimfahrt war gut und so haben wir auch wieder etwas Autofahren geübt. Nach so einem turbulenten Tag mit vielen Mensch-/Hundebegegnungen war Messina absolut müde und kuschelte sich auf dem Teppich im Schlafzimmer zusammen.

Am Abend ging ich mit beiden nur eine kleine Runde, denn danach gingen wir noch zu meiner Nachbarin. Dort war es lustig, denn Messina schämte sich nicht und leerte den Müll aus. Lecker, denn da war ein Plastikteil mit Frischkäse, das musste natürlich noch viel besser saubergemacht werden. Dann das Plastik von den leckeren Hundesnacks musste auch zerkleinert werden, um es dann im aufgehängten Müllsack erneut zu suchen. Nach der dritten Rüge musste sie sich die restliche Wohnung erschnuppern, einige Male eckte sie an, am Türstock, am Heizlüfter und am Tisch. Doch dann legte sie sich ins Wohnzimmer und träumte wahrscheinlich von den guten Gerüchen.

Als ich Messina noch nicht hatte, nahm ich immer, wenn ich meine Nachbarin besuchte, die Schüssel mit dem Bioabfall mit nach unten und leerte sie aus. Das ist jetzt mit zwei Hunden nicht mehr möglich. Denn Messina würde wahrscheinlich den Verstand verlieren, wenn ich mit der Schüssel voller guter Gerüche durch das Treppenhaus gehe und noch ein Stück in den Garten. Wobei, meine Nachbarin müsste danach die Schüssel kaum mehr abspülen.

Beim Verteilen der Betthupferl übte ich nicht, ich war zu müde. Und als ich in das Bett fiel, fielen die Hunde auch um, Hinterteil an Hinterteil auf dem Teppich vor meinem Bett.

Selig

Am Morgen wurden wir von einem wunderschönen Sonnenaufgang begrüßt, doch kein Hund rührte sich. Schön, so konnte ich auch noch etwas schlummern. Doch etwas später, raus in die Sonne. Zuvor aber erst noch eine Runde kuscheln und spielen. Fast bekam ich einen Zuckerschock, so drollig war Messina. Buffy macht so etwas nur bei meiner Freundin Judith, aber nicht bei mir. Schade. Doch jetzt macht es Messina und steckt Buffy vielleicht damit an.

Die Natur war sehr schön, es war eiskalt und alles war gefroren. Messina lief den ganzen Weg wieder ohne Leine und als ich etwas weiter weg war, merkte ich, dass sie nicht genau wusste wo ich war. So klatschte ich in die Hände. Nun haben wir schon ein paar Geräusche, die sie hören lässt, überlegen und dann reagieren. Da ich in der Sonne laufen wollte ging es querfeldein. Da hatte sie zu tun, denn es war ein brachliegender Acker mit großen Furchen. Auf diesem Acker sind in der Dunkelheit immer Hasen und Rehe und da gab es einiges zu erschnuppern. Kein Wunder, dass sie sich gleich immer schlafen legt, wenn wir heimkommen. Erschöpft vom „lesen".

Im Moment bellt sie sehr viel wenn sie im Treppenhaus etwas hört. Buffy stimmt mit ein, doch eine Geste von mir und Buffy ist still. Bei Messina wird es immer besser, aber oft laufe ich zur Türe, weil ich denke, dass ich die Klingel überhört habe. Doch dann: Fehlalarm. Bin gespannt wann sie die Geräusche im Haus kennt und ruhiger wird.

Am Nachmittag trafen wir uns wieder mit Christa und Lea, vorher aber beherzigte ich Ulrikes Rat mit der Abtrennung im Auto. Ich machte eine Art Vorhang zwischen den zwei Hündinnen und Messina setzte sich heute zum ersten Mal in ihren Sitz. Sonst war sie etwas unruhig, doch heute war es um einiges besser. Bald wollen wir über zwei Stunden mit dem Auto fahren und ich bin gespannt und auch etwas aufgeregt. Unsere Runde war lustig, obwohl immer das gleiche passiert. Lea pinkelt immer direkt auf die Maulwurfhügel, am nächsten Hügel steht Messina und steckt ihre Nase rein, während Buffy den Enten nachläuft. Messina hat sich heute tatsächlich gewälzt. Aber nur den Bruchteil einer Sekunde und nicht im Gras, sondern auf Aas oder Kot. Igitt. Als ich sie kurz und knapp schimpfte, blieb sie liegen und „sah mich an". Soll man da böse sein? Nein, natürlich nicht. Da alles gefroren war, war es sowieso nicht schlimm. Als ich sie wieder in ihren Sitz auf die Rückbank setzte, wollte sie nach draußen, doch auf mein -bleib- blieb sie sitzen und war sehr ruhig. Das freute mich und ich war selig.

Am Abend kam noch einmal die Hundetrainerin zu mir, nicht um zu üben, sondern privat. Sie freute sich, wie entspannt es bei mir mittlerweile ist und als wir zusammen die Stufen nach unten gingen, freute sie sich auch, wie Buffy mittlerweile reagiert wenn sie mit Mes-

sina in Berührung kommt. Und wieder ein Tag vorbei, der mich wieder froh sein lässt, dass es so ist, wie es ist.
DANKE

Große Reise

Heute war ein aufregender Tag. Nicht nur für Messina, sie wusste ja nicht was auf sie zu kommt, aber für mich. Meine Freundin und ich fuhren in ein Wellnesshotel, in dem Kinder unter 14 Jahren nicht erlaubt sind, aber Hunde. Das Lustige daran: Der Chef hat Angst vor Hunden. Wir mussten an die zwei Stunden fahren um dort anzukommen. Die letzten Tage haben wir ja immer wieder geübt, aber die Aufregung meinerseits blieb. Wie würde Messina reagieren? Würden beide Hündinnen in meinem kleinen Auto zurechtkommen? Würden sie sich ablegen und schlummern oder aufgeregt sein? All das ging mir durch den Kopf. Vor allem war ich aufgeregt, weil meine Freundin nicht von Anfang an dabei war, ich musste einige Kilometer alleine mit den beiden fahren. Ich befolgte den Rat von Messinas ehemaliger Patin Ulrike und spannte einen Spanngummi, an dem ich ein Handtuch klammerte, zwischen Buffy und Messina. Das war die ersten Minuten gut, weil Messina nicht wusste was los war. Die Schnauze kam nach vorne und zu Buffys Seite, doch mit gutem Zureden blieb sie wenigstens in ihrem viereckigen Sitz. Das Wunder begann nach acht Minuten. Sie legte sich ab, rollte sich zusammen und schlief. Als wir bei Judith ankamen stand Messina auf und beide Hündinnen begrüßten sie. Bis zur Autobahn war es noch etwas unruhig, ich griff nach hinten und redete bisschen mit Messina, doch als sie merkte, dass alles gleichmäßig wurde, rollte sie sich wieder zusammen und schlief den ganzen Weg. Buffy legte sich auch oft ab und lag schon fast auf Messinas Hinterteil. Welch ein Glück.

Ich war sehr froh, dass Messina schlief, denn wir wollten in der Stadt Passau bummeln. Für mich Premiere, ich war noch nie mit zwei Hunden in einer Stadt unterwegs. Im Parkhaus zog ich Messina das neonfarbene Regenmäntelchen an, damit man sie sofort wahrnimmt und es war, wie sich später herausstellte, eine gute Entscheidung. Buffy ist immer sehr aufgeregt, wenn wir in Passau sind, sie weicht uns nie von der Seite, aber für Messina war schon viel überwältigend. An jedem Mülleimer, an jeder Hausecke musste und durfte sie schnuppern. Und wenn die Luft nach Pizza roch, ging die Nase nach oben. Da in Passau so gut wie nichts los war, war es nicht allzu anstrengend für mich und Judith nahm mir auch manchmal eine Hundeleine ab. Wir waren in unseren Lieblingsgeschäften, liefen am Inn entlang, doch dann merkten wir, dass Messina langsamer wurde. Sie wurde müde, doch als sie etwas roch, war sie wieder fit. Wir entschlossen uns, wieder zum Auto zurückzugehen, ich wollte sie nicht überfordern.

Die wenigen Kilometer zum Hotel schlief sie. Wir checkten ein, holten das Wichtigste aus dem Auto, auch das Hundebett und gingen auf unser Zimmer. Die Wassernäpfe wurden gefüllt und gleich von beiden ausgetrunken. Auf uns wartete ein leckeres Buffet, doch ich wusste, dass Messina dort nicht abschalten konnte, so ließ ich sie im Zimmer und wir nahmen nur Buffy mit. Messina schlief in der Zeit, in der wir weg waren. Wieder im Zimmer wurde ausgiebig geknuddelt und am frühen Abend ließen wir beide allein, denn wir wollten in die Sauna. Wir ließen das Licht an, sodass wir von außen ins Zimmer schauen konnten. Das Zimmer befindet sich im Erdgeschoss und man konnte auf dem Weg zur Außensauna hinein sehen. Messina lag auf dem Boden und schlief und Buffy auf dem Bett auf ihrer Decke. Alles entspannt, so konnten wir die hundefreie Zeit genießen und entspannen.

Zum Abendessen nahmen wir beide Hündinnen mit. Wir wurden herzlich begrüßt und die Angestellten haben sich sofort in Messina verliebt. Von einem anderen Hundebesitzer bekamen wir ein Kompliment, er sah uns einchecken und bewunderte da schon die beiden tiefenentspannten Hunde.

Der Rückweg zum Zimmer war für Messina nicht ganz so einfach, denn es sind glatte, glänzende Marmorstufen. Aber wir ließen uns Zeit und im Zimmer angekommen wurde noch bisschen geschmust und dann ab ins Reich der Träume. Viel musste verarbeitet werden. Buffy lag bei mir auf dem Bett, sie träumte so heftig, dass ich die Erschütterung merkte, Messina schnaufte laut in ihrem Bettchen.

Ich ließ den Tag Revue passieren und konnte es nicht fassen wie einfach alles war. Ich hatte solche Bedenken und nun ist der Tag vorbei und es hätte nicht besser sein können.

DANKE

Kirchenhund

Die Nacht war ruhig, trotz ungewohnter Umgebung. Ich wachte ziemlich zeitig auf und ging mit den Fellnasen in den Hotelpark. Er ist sehr schön, groß und mit wunderschönen alten Bäumen. Buffy flitzte und Messina musste ihre Hundegefährten erschnuppern. Es gab einen 13 Jahre alten, kleinen Griechen, eine zweijährige Schäferhündin, zwei kleine Hunde, die mit dem „Kinderwagen" gefahren wurden und ein alter, sehr großer Schäferhund. Also ganz schön was los hier. Soviel Hunde erlebten Judith, Buffy und ich hier noch nie. Das Wetter war eiskalt aber sonnig und wir freuten uns auf den Tag. Da es aber noch zeitig in der Früh war, hob ich Messina auf das Bett auf dem auch Buffy auf ihrer Decke lag. Im Urlaub ist so etwas erlaubt. Beide lagen nah beieinander und es war die absolute Harmonie. Nach einer knappen Stunde Hundewellness- und frühstück, gingen wir alle zusammen in den Speisesaal, in dem ein wunderbares Frühstücksbuffet auf uns Menschen wartete. Natürlich kamen die zwei Hündinnen wieder gut an und das Pärchen am Nachbartisch vergaß beim Streicheln die Zeit. Der Mann hatte eine sehr schlimme, ausgeprägte Hautkrankheit und Messina ging sofort zu ihm und schleckte ihm die Hände ab. Meiner Freundin Judith fiel das sofort auf, es war so intensiv wie sich Messina an diesen Mann „schmiegte". Dies tat Messina noch nie.

Nach dem Frühstück wollten wir zur Innstadt fahren, um die Kirche Maria Hilf zu besuchen. Wir packten die Hunde ins Auto, Messina legte sich sofort in ihren Sitz und alles war still.

Dort oben angekommen hatten wir einen wunderbaren Ausblick. Der Inn fließt in die Donau und die Farben waren total unterschiedlich. Maria Hilf mit den herrlichen Türmen, der strahlend blaue Himmel, zu unseren Füßen Passau, kurz: Traumhaft.

Der Kreuzgang mit seinen vielen steilen Stufen und die unendlich vielen Heiligenbilder, Votivtafeln und Rosenkränzen war sehr beeindruckend. Am Anfang tat sich Messina mit den Stufen nach unten schwer, war ängstlich, wurde aber immer sicherer. Nach oben war für sie leichter, da ging sie sogar voran. In der Kirche selbst mussten wir lachen. Beide saßen nebeneinander, die Vorderpfötchen an der schwarzen Markierung vor dem Altar. „Ein Bild für Götter".

Buffy kennt Kirchen, ich nehme sie immer mit hinein, aber für Messina war es sicher ihr erster Kirchenbesuch. Warum auch nicht, sie ist ein Geschöpf Gottes. Wir wollten uns bedanken für all das Schöne und das Glück, und waren einige Zeit alleine in der Kirche. Später kamen ein paar Leute, die auf die Hunde gelassen reagierten.

Wir gingen noch etwas in der Sonne spazieren um danach noch ein paar Kilometer östlich zu fahren. Einmal stiegen wir noch kurz aus, doch dann beschlossen wir, wieder ins Hotel zu fahren. Messina war erschöpft, sie stieg schließlich viele Stufen. Im Zimmer bekam sie ihre getrocknete Kopfhaut und wir ließen sie alleine. Buffy nahmen wir mit in den Speisesaal zum Nachmittagsbuffet. Später ließen wir beide wieder alleine, um in den Wellnessbereich zu gehen. Diesmal ohne ängstliche Gedanken und es war entspannend.

Wieder im Zimmer wurden wir freudig begrüßt. So können sich nur Hunde freuen, als wäre man ewig weg gewesen. Danach durften beide in den Hotelpark, eine kleine Runde war genug, denn heute sind wir sehr viel gelaufen und die Strapazen von gestern merkte man Messina doch etwas an. Vor allem beim Abendessen, zu dem die Hunde mit durften, war es für sie aufregend. Die Gerüche, die Geräusche, nichts sehen. Michelle, eine Angestellte, gab beiden getrennt voneinander, Reste eines Hühnchens. Es klappte gut, doch eine Minute später, als Michelle schon wieder weg war, flippte Messina aus. Sie bellte ins Nichts und knurrte. Judith erschrak sich sehr, denn das kannte sie nicht von ihr. Ich schon. Es war aber gut, das zu erleben, denn ich dachte, dass Messinas Reaktion besser geworden sei. Doch dem war nicht so. Also, weiterhin vorsichtig sein und solche Situationen vermeiden. Buffy nahm sich aus der Situation von selbst raus, in dem sie sich etwas weiter weg legte. Ich ging mit Messina kurz ins Freie, um sie abzulenken. Buffy beschäftigen solche Situationen etwas länger als Messina, denn sie war danach wieder etwas auf Abstand zu ihr. Aber da nichts umsonst passiert, werde ich weiterhin so reagieren, dass so etwas nicht mehr vorkommt. In dem Moment, in dem ich dies schreibe, liegen sie beide friedlich am Boden im Zimmer, träumen wahrscheinlich von Kirchen oder vielen Stufen, oder von den Hühnchenresten die sie bekamen. Es war ein herrlicher Tag, wenig Wind, kein Regen, viel Schönes gesehen und erlebt.

DANKE

Aufzug fahren

Wenn Engel reisen lacht der Himmel, bei uns war es heute so. Als wir aufwachten, war herrlicher Sonnenschein. Zwar wieder eiskalt, doch wir machten uns auf den kurzen Weg zu dem Weiher, der neben dem Hotel liegt. Es geht ein kleiner Rundweg herum, die Vögel zwitscherten, ansonsten kein Laut zu hören. Auf Messina mussten wir aufpassen, damit sie nicht ins Wasser fiel. Beide genossen die Gerüche, schnupperten nebeneinander und genossen, so wie wir, diesen Gassigang.

Nach dem Frühstück fuhren wir in eine Töpferei. Ich wollte Messina nicht aufwecken, mittlerweile schläft sie zusammengekuschelt schon nach ein paar hundert Metern Auto fahren. Wir stiegen aus und waren eine gute halbe Stunde weg, Buffy war mit bei uns. Zwischendurch sah ich nach Messina, sie schlief tief und fest und vermisste uns sicher nicht.

Wieder im Hotel schliefen die Hunde, wir machten Wellness und bis zum Abend dachte ich, dass es heute nicht viel zu erzählen gibt. Falsch gedacht. Als ich am frühen Abend mit den beiden Fellnasen im Park war, spielte ich mit Buffy Stöckchen. Messina war gut drauf, merkte, dass was los war und machte mit. Ich zog das Stöckchen vor ihrer Nase hin und her und warf es ungefähr einen Meter vor sie. Sie rannte hin, nahm es ins Maul und legte sich damit auf den Rücken. Als ich es ihr abnehmen wollte knurrte sie, doch mittlerweile kenne ich ihre Geräusche. Sie folgte mir und beim nächsten Fund machte ich es genauso und sie spielte wieder damit. Solche Momente sind unvergesslich.

Dann gingen wir Abendessen. Der Speisesaal ist zwar nur ein paar Stufen über uns, aber ich wollte mit den beiden Hündinnen Aufzug fahren. Buffy ist mittlerweile viel cooler und Messina ging auch ohne Angst hinein.

Beim Abendessen war der Tisch neben uns gedeckt und als wir zu unserem Tisch kamen, fragte ich das sitzende Paar, ob wir mit Messina stören. Der Mann lachte und sagte, dass sie schon auf uns gewartet hätten. Wir waren total baff. Es hat sich scheinbar herumgesprochen, dass hier eine schwarze, alte, blinde, charmante Hündin auf ihre Streicheleinheiten wartet, die sie von dem Paar dann auch bekam. Lange konnten sie allerdings nicht bleiben, aber morgen zum Frühstück wollten sie Messina noch einmal verwöhnen. Beim Abendessen bekam sie von der Angestellten Michelle natürlich auch noch ihre Liebkosung, diesmal aber ohne Leckerli oder Hühnchenreste.

Das war nun Messinas erste Reise mit mir. Nun sind es fünf Wochen und den Erlebnissen ist kein Ende gesetzt. Morgen fahren wir wieder heim. Die Tage, das Autofahren, im Hotel, in der Stadt, alles klappte wunderbar. Es hätte nicht schöner sein können.

DANKE

Stöckchenspiel

Der nächste Morgen begann mit herrlichem Sonnenschein, alles war weiß gefroren und wir liefen das letzte Mal eine Runde um den kleinen See. Der Tag der Abreise war gekommen und wir wollten noch einmal die Stimmung und die Ruhe genießen. Die verschlafenen Fellnasen trotteten gemütlich hinter uns her, doch ich passte auf, dass Messina nicht zu nah ans Ufer kam. Ich hatte Bedenken, dass sie ins Wasser fällt. Diese Sorge war aber ohne Grund. Am Ende des Weges war ein schmales gefrorenes Rinnsal, über dieses wollte sie gestern schon nicht laufen. Sie versuchte es, doch sie wendete sich ab. Heute das Gleiche wieder: Sie setzte eine Pfote auf das Eis, ging etwas rückwärts, dann ging sie ein paar Zentimeter nach rechts, setzte wieder eine Pfote auf das Eis, ging wieder rückwärts. Dann machte sie kehrt und lief in die entgegengesetzte Richtung. Ich holte sie und führte sie mit der Leine schnell über das Rinnsal.

Ist schon bewundernswert wie sie das wahr nahm. Es hätte ja auch eine tiefe Pfütze sein können, in die sie eventuell einbricht. Toll, welches Gespür sie hat.

Nach dem Frühstück packten wir unsere Sachen zusammen, Buffy ist bei so etwas immer aufgeregt, Messina allerdings schlief in ihrem Bettchen tief und fest. Wir trugen zuerst unsere Sachen zum Auto, bezahlten die Rechnung und als wir wieder ins Zimmer kamen, sprang uns Buffy entgegen. Sie ging natürlich sofort mit uns, doch Messina wollte gar nicht aufstehen. Wir mussten sie regelrecht aus dem Bettchen heben, damit sie aufstand. Waren schon anstrengende Tage für sie.

Wir machten, bevor wir heim fuhren, noch einen schönen Spaziergang in der Sonne. Messina kuschelte sich in das Laub, drehte sich auf den Rücken, brummte und fühlte sich „pudelwohl". Das war pure Lebensfreude. Dann war es leider Zeit um nach Hause zu fahren. Auf dem Weg zum Auto trafen wir das Pärchen, dessen Hand Messina gestern abgeschleckt hatte. Sie hielten an, stiegen aus dem Auto und verabschiedeten sich von uns und natürlich von Messina. Als wir dann alle im Auto saßen, legte sich Messina sofort ab und schlief den ganzen Weg, bis wir daheim angekommen waren.

Da die beiden die letzten Tage viel unterwegs waren, ließ ich sie nach der Autofahrt nur kurz in den Garten. Sie wollten dann von selbst in die Wohnung, ich musste sie nicht einmal rufen als ich nach oben ging. Viel musste im Schlaf verarbeitet werden. Es war eine schöne, für Messina aber doch anstrengende Reise.

Am Abend trafen wir uns mit Christa und Lea auf eine kurze Abendrunde. Alles klappte wieder toll ohne Leine. Bevor wir in das Auto stiegen zum Heimfahren, hörte ich einen Schuss. Weit weg, aber für Buffy nicht zu überhören. Als ich die Autotüre öffnete, sprang sie sofort ins Auto, hinein in Messinas Sitz und kuschelte sich ängstlich zusammen. So musste Messina diesmal den kurzen Weg ohne ihren Sitz fahren, doch auch das klappte hervorragend. Sie verblüfft mich immer wieder und die Entwicklung, die sie macht, ist bewundernswert.

Doch SIE bringt mir auch einiges bei, wie ihre Reaktion, als sie sich nicht über das eisige Rinnsal traute. Viele Menschen lernt man durch sie kennen. Menschen, die optisch einen ganz anderen Eindruck machen. Als sie Messina streichelten, kam Wärme, Lachen und Tierliebe zum Vorschein. Und ich denke, dass sie auch mit ihrer Relaxtheit Buffy hilft.

DANKE

Schlaf nachholen

Mittlerweile muss ich schmunzeln wenn ich aufwache. Vor ein paar Wochen noch traute ich mich kaum zu bewegen, weil Messina dann schon sofort in Bewegung war. Doch nun liegt sie ganz lang in ihrem Bettchen, bewegt sich nicht einmal wenn ich Buffy knuddel. Sie steht erst auf, wenn ich fertig bin zum Gassi gehen. Die letzten Tage waren für sie ungewohnt anstrengend, vielleicht hat sie auch etwas Muskelkater?! Als wir das Haus verließen, trabten beide in die gleiche Richtung und zwar in die kürzere. Ich wollte etwas länger spazieren gehen, doch ich richte mich meistens nach den Fellnasen. Somit liefen wir nur eine kurze Runde. Bei der Hälfte des Weges mussten wir die Hauptstraße überqueren und als wir auf dem Heimweg waren, kreuzte uns ein LKW. Das war das erste Mal, dass Messina einen kleinen Schritt nach hinten machte. Dieser Lärm war ihr nicht ganz geheuer.

Im Moment liegt sie viel am Boden, der graue Kuschelteppich scheint ihr zu gefallen. Ich erledigte meine Sachen und die Mittagsrunde war etwas länger. Ich sah, dass es ihr nichts ausmachte, sie schnupperte, trabte und ich merkte ihr keine Müdigkeit an.

Es ist immer so goldig wenn ich in das Haus gehe. Buffy rennt nach oben und wenn ich noch in den Keller muss, wartet Messina auf mich. Sie steht dann immer auf dem Stufenabsatz, der Blick zu mir nach unten gerichtet und wenn sie mich spürt, freut sich der ganze Hund. Dann wird ganz schnell mit mir nach oben gelaufen.

Zum Üben hatte ich heute keine Zeit, dies vertagten wir auf einen anderen Tag. Als es heute klingelte und Buffy bellte, stand Messina nicht einmal auf. Sie hob in ihrem Körbchen den Kopf, bellte mit und als sie die bekannte Stimme meiner Freundin hörte, war sie ruhig und schlief weiter. Ich muss mich immer wieder zurückhalten sie nicht öfter zu streicheln. Ich könnte mich neben dieses wunderbare Tier legen, sie riechen und streicheln weil sie so schön ist. Doch ich mache es nicht, ich lasse sie schlafen. Messina war heute sogar zu müde um zu trinken. Erst als sie Buffy schlabbern hörte, stand sie auf und trank. So groß war die Müdigkeit und die Nachwehen der Reise.

Nach meiner Arbeit holte ich sie ab, und als sie mich im Treppenhaus hörte, bellte sie. Als ich die Wohnung betrat, kam sie in den Flur und streckte sich, dabei rutschten die Vorderpfötchen nach vorne. Dann lief sie nach draußen und blieb ruhig stehen als ich ihr das Halsband umlegte. Es war noch hell als ich das Haus verließ und ich genoss es, die beiden zu beobachten. So schön, wie sie nebeneinander liefen. Der Vollmond stand im Osten und ich war wieder einmal glücklich und zufrieden. Wir liefen eine schöne gemütliche Runde und ich merkte immer mehr, wie Messina auf mich reagiert. Ein kurzes Wort oder einen Ton, den sie mittlerweile kennt und sie reagiert. Wenn sie einen Geruch in der Nase hat, und das ist oft, reagiert sie nicht so sehr. Doch ich habe Vertrauen in sie und weiß nun schon an ihren Bewegungen wann sie sich „verlaufen" hat und wann ich ihr helfen muss, die richtige Richtung zu finden. Was mir heute auffiel, sie lief den Treppenabsatz in der Mitte und nicht am Geländer entlang. Das machte sie heute zum ersten Mal. Es ist wunderbar was sie bisher für eine Entwicklung gemacht hat. Ich freue mich, sie zu haben und manchmal habe ich den Eindruck, dass es Buffy auch immer mehr gefällt.

DANKE

Kleinkind zu Besuch

Nun hat Messina unseren Rhythmus gefunden. Wenn ich mich bewege, schläft sie weiter, erst wenn Buffy aufsteht und Messina das merkt, dass wir nun wirklich Gassi gehen, bewegt sie sich. Ich weiß nicht was es vorher war, warum sie so unruhig war. Auf jeden Fall ist es jetzt absolut entspannt und sie ist auch stubenrein. Heute lief sie so schnell die Stufen nach unten, dass ich ihr kaum nachkam. So begann der Tag mit einem Lächeln im Gesicht, weil es für mich immer noch unglaublich ist, wie sie sich entwickelt.

Um die Mittagszeit bekam ich Besuch von Jasmin und Tochter Laila. Sie ist 16 Monate jung und liebt Hunde, wie ihre Mama. Und weil sich Buffy ja überhaupt nicht streicheln lässt, schon gar nicht von Kindern, hoffte ich sehr, dass „der neue Hund" diesbezüglich nicht so ängstlich ist wie Buffy.

Messina lag im Schlafzimmer als die beiden zu Besuch kamen. Mama Jasmin und Laila setzten sich zu Messina auf den Teppich und das große Streicheln begann. Es war so schön Messina zu beobachten, Laila mit ihren kleinen Fingerchen, strich zart über das glänzende Fell und Messina drückte ihren Kopf nach oben. Dann streckte sie Laila noch ihr Bäuchlein entgegen. Buffy traute sich sogar in das Zimmer zu kommen, sprang auf das Bett und beobachtete alles skeptisch. Doch dann ließ sich Buffy sogar etwas von Jasmin streicheln. Ein kleines Wunder. Messina hat es ihr vorgemacht, dass alles gar nicht so schlimm ist, ganz im Gegenteil. Es waren so wunderschöne Minuten, das Lachen von Laila und Jasmin und diese Liebe zu beobachten, ohne Angst zu haben, weil man weiß, dass es dem Hund gefällt. Das durfte ich nach zehn Jahren Hundebegleitung erleben.

DANKE

Danach gingen wir spazieren. Messina schnupperte sehr viel und auf dem Heimweg fiel sie weit zurück. Ich hatte aber keine Bedenken, denn es ist ein schmaler Weg, der links und rechts durch eine Schallschutzwand und durch Gartenzäune begrenzt ist. Als ich nach ihr sah, merkte ich, dass sie kurz nicht wusste wohin sie laufen sollte. Als ich sie rief, galoppierte sie sofort auf mich zu. Ich war sprachlos und bewunderte ihr Vertrauen.

Als wir wieder zu Hause waren, bekamen beide ihren Snack, Messina im Flur, Buffy im Wohnzimmer. Sie waren gleichzeitig fertig und Messina suchte die Wohnung nach „Überresten" ab. Da ich mir das schon fast dachte, war ich bereit zu reagieren. Messina kam schnuppernd in Buffys Nähe, Buffy knurrte leise und kurz. Messina machte sich steif, bereit zum Angriff. Ich drängte Buffy weg von Messina und ließ einen kurzen Schrei los. Schnell war Ruhe. Ich weiß, dass Messina hart hat kämpfen müssen für ihr Fressen, und wahrscheinlich auch für das Fressen ihrer Welpen, doch sie muss hier lernen, Vertrauen zu haben. Es war schnell Ruhe und vor allem auch Friede und das war toll. Als wir am Abend eine Runde liefen, standen wieder die gelben Müllsäcke an den Gehsteigen. Wie schon erzählt, zerriss Messina vor nicht allzu langer Zeit die Müllsäcke, doch heute ging sie, durch mein kurzes -nein- und wegziehen, schnell weiter. Das sind für mich Erfolge, die ich dankend bemerke. Denn sie wird ruhiger, gelassener, sie weiß, dass sie für nichts kämpfen muss. Das Vertrauen wächst.

DANKE

Noch ein Sinnesorgan weniger

Heute Morgen beim Aufwachen hörte man schon den Sturm. In der Wohnung war es laut, durch die älteren Fenster und das Kaminrohr hörte man den Wind. Buffy war recht verhalten, sie wollte nicht raus, Messina musste erst einmal ihre wohligen Geräusche loswerden und geknuddelt. Als wir an der Luft waren, blieb uns fast die Luft weg. Ein ungeheuerlicher Sturm wehte uns fast um. Buffy zog ihr Schwänzchen ein, das ist so gar nicht ihr Wetter, sie hat immer Angst vor den Geräuschen und den Sachen, die umherfliegen. Messina hatte plötzlich keine Ohren, sie wurden nach hinten geklappt. Bei den ersten Metern wunderte ich mich schon, dass Messina mir oft in die Beine lief. Mein Nachbar war mit dabei und auch ihm fiel es auf. Als sie manchmal bisschen Abstand zu uns hatte und ich sie rief, war sie verwirrt und als sie zu uns kam, wich sie uns nicht aus, sondern wir ihr. Sie lief umher wie betrunken. Als eine heftige Sturmböe kam, stand sie auf der Stelle und wusste nicht wohin. Die Ohren nach hinten, doch ich merkte, dass ich ihr Halt gab. Und dann wusste ich warum sie so unsicher war. Der Sturm, der Lärm, und die „verwehten", bisher doch vertrauten Gerüche, brachten sie durcheinander. Sie schwankte und lief kaum geradeaus. Auch ihr Geschäft, das sie normalerweise die ersten Meter erledigt, dauerte bis nach der Hälfte der Runde. Als wir wieder daheim waren und beide ihr Fressen bekommen hatten, legten sich beide ab. Messina war absolut erschöpft und sie tat mir unendlich leid.

Manchmal spüre ich ihre Dunkelheit und es tut im Herzen weh. Ich glaube nicht, dass Messina dies so empfindet. Vielleicht kennt sie es nicht anders, aber ich fühle mich traurig, weil sie das nicht sieht, was Buffy Freude bereitet. Sie sieht keine Sonne, sie sieht nicht mein Gesicht, das ihr zulächelt. Keine Fliege oder Schmetterling, dem sie nachjagen könnte. Keine Buffy, die am Weg oder im Treppenhaus steht und auf sie wartet. Dann bekomme ich Herzschmerzen und Tränen in den Augen weil ich sie so liebe. Und ich bin unendlich froh, diesen Schritt gewagt zu haben, sie zu uns zu holen.

Am Nachmittag waren wir mit einer ehemaligen Hundebesitzerin noch mal eine kleine Runde, der Sturm war leider noch und Messina „schwankte" genauso wie vormittags.

Als wir wieder daheim waren, hat sie lange um Fressen gebettelt. Damit konnte sie allerdings mein Herz nicht erweichen. Es war noch nicht mal Abend und beide standen in der Küchentüre nebeneinander und sahen mich mit ihren „Dackelblick" an. Messina bellte ziemlich lange, doch heute blieb ich standhaft. Das darf sie sich nicht angewöhnen. Erst als beide ruhig waren, gab es Futter.

Am Nachmittag war ich auf der Gemeindeverwaltung um Messina anzumelden. Ich wurde gefragt was ich für einen Hund hätte, Buffy ist ja schon bekannt. Ich sagte, dass ich eine blinde, schwarze, rumänische Straßenhündin habe und wieder kam eine Reaktion, mit der ich nie gerechnet hätte: Erstaunen, Bewunderung und dass es toll sei, so eine Hündin in der Ortschaft zu haben. Es war rührend.

Am Abend saß ich auf dem Sofa, Buffy zu meinen Füßen, Messina im Flur. Ich konnte mich nicht beherrschen, ich holte sie zu mir, in meinen Arm. Sie lag auf dem Rücken und blieb ein paar Minuten liegen. Dann wurde sie unruhig und legte sich neben meine Beine. Allerdings war sie überhaupt nicht entspannt, nicht während des Streichelns und auch nicht, als ich sie in Ruhe ließ. Schließlich stand sie auf und ich half ihr vom Sofa. Sie legte sich wieder in den Flur. Vielleicht ist sie so viel Nähe gar nicht gewohnt?!

Und wieder ist ein Tag vergangen, an dem mir etwas gelehrt wurde, mich staunen ließ und die Liebe wachsen. Nicht nur mit Messina, auch mit Buffy, die sich immer mehr an Messina und ihre Geräusche zu gewöhnen scheint. Ein Tag mit Mitleid, aber auch mit Freude.
DANKE

Wunderhund

Heute Morgen flitzte Messina so schnell die Stufen nach unten, dass ich sprachlos war. Man hört ja ihre Krallen auf dem Marmorboden, normalerweise: TakTak ... TakTak ... TakTak

Heute Morgen war sie so schnell, dass man die Punkte zwischen dem TakTak weglassen kann. Und sie lief wieder einen Treppenabsatz in der Mitte, ohne sich an der Wand oder dem Geländer zu orientieren. Ich stelle mir in solchen Momenten immer ihre Dunkelheit vor und bin nach wie vor erstaunt.

Buffy führte mich heute einen ganz anderen Weg als sonst. Messina und ich folgten ihr und sie führte uns in das Tal auf eine große Wiese. Diese wurde vor ein paar

Tage mit Gülle gedüngt. Buffy roch es wahrscheinlich schon von weitem, aber da es sehr viel geregnet hat, war es für mich in Ordnung auf diese Wiese zu gehen. Das war für Messina natürlich auch sehr interessant. Vor allem weil links und rechts von der Wiese zwei Gewässer verlaufen und auf dem Weg sehr viele Wasserpfützen waren. Doch die Dame Messina mochte sich keine Pfötchen nass machen. Ich freue mich immer wieder, dass ich wasserscheue Hündinnen habe. Beide nass und drekkig wäre für mich zu viel Arbeit. So muss ich nach dem Spaziergang nur Pfötchen putzen. Messina begleitete Buffy ein Stück weg von mir, ich hatte keine Bedenken. Ich beobachtete Messina, wie sie reagierte, als sie nahe an einer Böschung stand. Sobald ihre Pfötchen ins Leere liefen, bremste sie. Kleine Löcher waren ihr egal, aber die größeren, steileren ließen sie sehr vorsichtig werden.

Als wir auf dem Heimweg waren, traf ich einen Bekannten, der Messina noch nicht kannte. Er machte ein mitleidvolles Gesicht und fragte wie es mir ginge mit einem blinden Hund. Er war überrascht wie sie sich ihm näherte und ihn beschnupperte. Ich erzählte ihm kurz, dass es ein Erlebnis sei und wunderschön und als wir uns entfernten, sah er uns bewundernd nach.

Bevor ich zur Arbeit ging, übte ich mit beiden Hündinnen im Garten. Diesmal ging trotz Leckerli alles gut. Keine Eifersucht. Mit Messina übte ich wieder -hier- und als sie zu mir lief machte sie oft -sitz-. Dann übten wir -bleib- und ich sah sie immer dabei an. Wie sie vor mir saß, der Kopf ist weit oben, der Blick auf mich gerichtet. Ich nahm ein Leckerli und brachte sie in -Platz-, und es funktionierte auf das erste Mal. Wow, ich war total überrascht. Anfängerglück? Als ich weiter üben wollte, schmiss sie sich auf den Boden und streckte mir ihr Bäuchlein entgegen. In dem Moment konnte und wollte ich nicht konsequent sein. Da musste ich einfach nur lachen und genoss.

Ich machte ein paar Handgriffe im Garten, sah aber immer wieder zu den Hunden. Dann sah ich, dass sie beide Richtung Haustür liefen. Buffy wartete auf der Hälfte vom Weg, Messina nicht. Ich wohne zwar in einer 30er Zone, trotzdem hatte ich Angst wegen der Straße. Messina war außer Blickweite, doch als ich ihr nachlief, stand sie schon vor der Haustüre. Auch da stell ich mir ihre Dunkelheit vor und der Weg vom Garten, den sie schnurstracks, ohne Probleme, alleine lief. Geradeaus die Hofeinfahrt vor und den kurzen Gehsteig entlang bis zum Eingang.

Im Treppenhaus stand das bestellte und gelieferte Hundefutter und ich füllte einen Teil davon ab. Als der Sack offen war, schnupperte sie daran. Ich war bereit zu reagieren, doch sie war nicht mehr interessiert. Noch vor zwei Wochen hätte sie den Sack wahrscheinlich ganz schnell zerrissen.

Nach meinem Feierabend holte ich Messina ab, Buffy ist immer in der Arbeit dabei und blieb derweilen im Auto. Messina kam mir, als ich die Wohnung betrat, sofort entgegen, setzte sich vor mich hin und legte ihre Pfote auf mein Knie. So musste ich zuerst kuscheln, dann aber schnell in das Auto, wir waren zum Gassi gehen verabredet. Drei Stufen lief sie wie Buffy, mit nur einer Vorderpfote auf der Stufe, dann wie immer, aber schnell. Ich bin gespannt wann sie den ganzen Treppenabsatz schafft, „normal" zu laufen. Auf der Wiese trafen wir Birgit, die wir seit zwei Wochen nicht mehr gesehen haben. Sie war erstaunt, wie schön Messina ohne Leine läuft. Ich war natürlich sehr stolz. Wir waren entspannt und lustig und genossen den Spaziergang. Als ich mit Buffy Stöckchen spielte, hörte das Messina und wollte auch mitspielen. Sie hat sich mit dem Spielen anstecken lassen und sie fand sogar das Stöckchen, das ich bisschen weiter von ihr weg warf. Die beiden Frauen, die dabei waren, waren ein Stück weiter weg von uns und ich lief ihnen nach. Messina galoppierte den ganzen Weg neben mir her. Unglaublich schön. Im Auto wollte sie heute nicht in ihrem Sitz im Beifahrerfußraum bleiben, so legte sie sich völlig entspannt auf den Beifahrersitz und ließ ihre Pfötchen runterhängen.

Wieder daheim bekamen beide sofort ihr Fressen. Auch das ist kein Problem mehr. Sie stehen beide bei mir, zuerst bekommt Buffy ihren Napf und Messina wartet brav. Wenn sie merkt, dass ich in ihre Richtung komme und den Napf abstelle, gibt es allerdings kein Halten mehr. Dann wird verschlungen.

Später gingen wir, wegen eines kommenden Sturmtiefs, nur in den Garten. Ich nahm beide an die Leine, denn Buffy hatte Angst und Messina war etwas orientierungslos.

Der Tag zog später wieder durch meine Gedanken, ließ mich lächeln und froh sein, dass mir die Gabe gegeben wurde, Kleinigkeiten zu erkennen. Für mich sind es kleine Wunder, die Messina vollbringt. Sie ist toll.

DANKE

Persönliche Nachrichten:
"Es ist so toll, wie ein Hund lernt, die anderen Sinne zu aktivieren und mit der Blindheit zurecht kommt. Das geht aber

auch nur mit dem richtigen Menschen an seiner Seite. Danke, dass du Messina zu dir genommen hast und ihr ein schöneres Leben ermöglichst."

"Einfach schön. Ich freue mich für Euch. Was hat Messina in der kurzen Zeit schon gelernt! Und immer wieder meine Frage, was würde sie wohl erzählen??"

"Mir blutet das Herz, wenn ich Messina so sehe und daran denken muss, sie ist immer im Dunkeln, kann von all dem, was sie umgibt und spürt, nichts sehen. Aber sie verhält sich großartig, sie ist angekommen und mit ihrem jetzigen Leben sehr zufrieden. Gratulation liebe Xandra, als Hundemutter darfst du stolz sein."

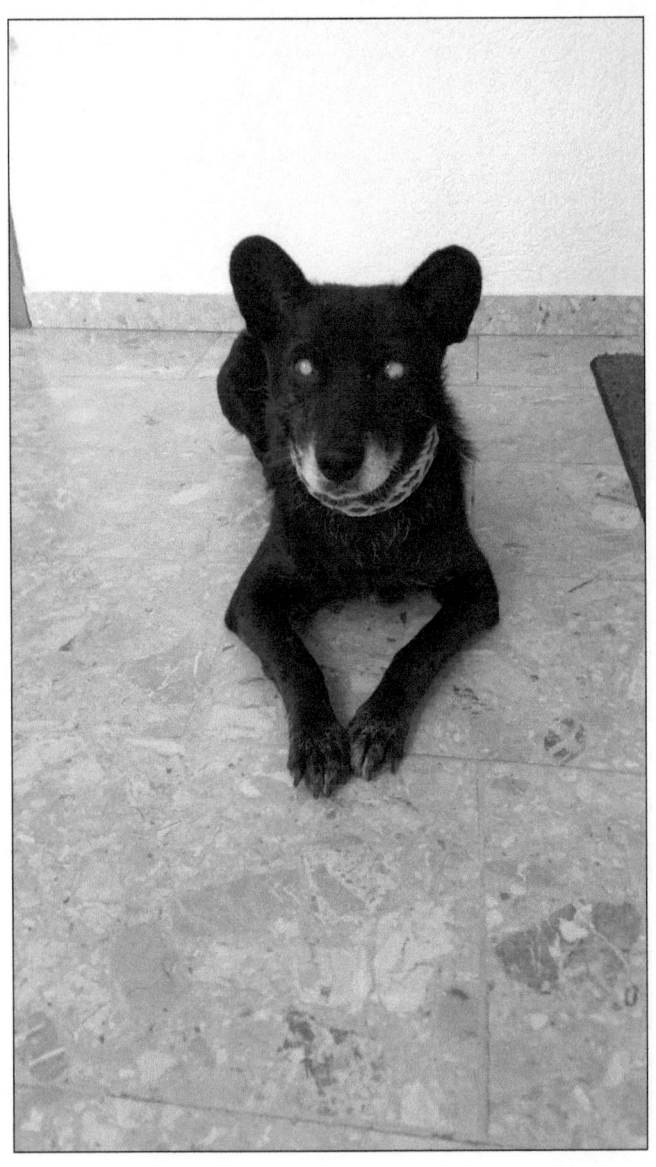

Tierärztin

Als ich heute Morgen aufwachte, begrüßte mich ein herrlicher Sonnenaufgang. Für ein paar Minuten beobachtete ich Messina wie sie in ihrem Bettchen liegt. Ihr Schlaf wird immer tiefer und manchmal träumt sie. Das ist auch ein Zeichen, dass sie sich fallen lässt und sich wohl fühlt. Die ersten Wochen war das nicht der Fall. Sie war schnell wach und sobald ich mich bewegte stand sie auf.

Ich holte sie für einen kurzen Moment zu mir ins Bett und ich hörte, dass es in ihrem Bauch rumorte. Da sie leider nicht lange bei mir blieb und ihr Bauch so laut war, entschloss ich mich aufzustehen. Ich beeilte mich nicht besonders, doch als ich sah, dass sie vor der Wohnungstür stand, legte ich einen Zahn zu. Als ich raus gehen wollte, schmiss sie sich auf den Boden zum Kraulen. Doch lange streichelte ich sie nicht, zu laut rumorte es in ihrem Bäuchlein. Als wir unterwegs waren hatte sie es dann doch nicht allzu eilig. Dafür fraß sie viel Gras und ich ließ sie es auch. Buffy frisst das immer zweimal im Jahr, danach übergibt sie sich. Messina erledigte ihr Geschäft wie immer, übergab sich aber nicht, dafür hatte sie etwas Durchfall. Aber nichts was mir Sorgen bereitete. Schon eher ihr Lipom am Bauch und eine Art Warze am Popo. Ich entschloss mich, einen Tierarztbesuch nicht aufzuschieben. Messina wollte nicht im Fußraum in ihrem Sitz bleiben und chillte wieder am Beifahrersitz. Das wird nun ihr neuer Platz beim Autofahren werden?! Lange darf sie das nicht, denn in Zukunft soll sie schon auf der Rückbank bei Buffy sitzen.

Als wir bei der Tierärztin ankamen, stieg Messina von selbst aus dem Auto, sehr langsam, aber von selbst. Wir mussten nicht warten und die Ärztin begrüßte meine beiden sehr liebevoll. Buffy zitterte, Messina erkundete die Praxis. Leider weiß niemand wie lange Messina diesen „Knubbel" am Bauch schon hat, das kein Lipom ist, sondern ein Geschwür. Wenn es nicht wächst, ist es gutartig, ich soll es alle vier Wochen kontrollieren. Das Teil am Popo ist nichts Schlimmes, eine gute Nachricht. Die Tierärztin war von Messinas guten Zähnen überrascht und die Kontrolle stand auch bei Buffy an. Doch Gott sei Dank musste bei ihr nichts gemacht werden. Da Buffy sehr lieb ist, versuche ich immer selbst an den beiden letzten Zähnen das bisschen Zahnstein zu entfernen. Das hab ich ja schließlich gelernt, nur am Menschen.

Auf der einen Seite war ich sehr erleichtert, dass Buffy keine Narkose braucht wegen Zahnstein, auf der anderen Seite mache ich mir Sorgen wegen dem „Knubbel" von Messina. Aber damit muss ich zurechtkommen. Das gehört zu einem alten, „fremden" Hund, dessen Vergangenheit man nicht kennt. Alles gehört dazu, die Überraschungen und die Freuden, auch das Traurige was das Älterwerden mit sich bringt. Ich habe es vorher gewusst, jetzt werde ich damit konfrontiert. Die Zeit wird kommen, wo man Abschied nehmen muss, doch ich bete, dass sie noch weit entfernt ist.

Auf dem Heimweg musste ich kurz das Auto verlassen und Messina blieb ganz brav sitzen. Das Üben fruchtete.

Am frühen Nachmittag trafen wir Birgit mit Elli und Tina mit Ella. Oje, so viel weibliche Wesen, doch alles war harmonisch. Ella und Elli mussten sich zuerst beschnuppern, sie kannten sich noch nicht, Buffy und Messina hielten Abstand und mischten sich in deren Kennenlernen nicht ein. Als Messina auf Ella zuging ging diese rückwärts. Diese Reaktion machte Ella schon öfter und ich würde gerne verstehen warum.

Da das Wetter heute so genial war, gingen wir den Weg durch den Wald. Ob Messina das schaffen würde? Ich nahm sie an die Leine, denn stellenweise ist der Hang steil und ich wollte sie sichern, damit sie nicht abstürzt. Sie meisterte den Weg über Wurzeln und Baumstämme langsam, aber sehr gut. Es war das erste Mal, dass ich mit ihr diesen Weg lief. Und den muss sie sicher laufen können, denn das ist im Sommer unser Schattenweg mit einem schönen kleinen Bach. Dort ist es herrlich. Ich bin gespannt, ob sie jemals im Wasser planschen wird. Buffy und die anderen Hunde machen das im Sommer gerne und Messina wird es ihnen vielleicht nachmachen.

Danach übte ich mit ihr das selbstständige Einsteigen in das Auto, doch das war ihr nicht so geheuer. So half ich ihr hinein. Wir fuhren noch zu einer Freundin und das Aussteigen klappte gut, ich musste ihr nicht helfen. Sie erkundete dort die Wohnung ohne Scheu. Ich bin gesegnet mit meinen zwei Hündinnen. So brav, anständig und pflegeleicht. Als wir wieder zu Hause waren, ließ ich beide in Ruhe und erledigte meine Sachen. Kein Geräusch war von den beiden zu hören und sie schliefen bis zum Abend. Als ich ihre Namen rief, standen sie ganz schnell auf und freuten sich auf das Gassi gehen. Beim Heimweg musste ich mich beeilen, Buffy gab die Geschwindigkeit vor, Messina folgte ihr im kurzen Abstand, ich hinterher. Man merkte, dass wir alle drei Hunger hatten.

Als ich in der Küche stand und das Fressen verteilen wollte, drehte ich mich zur Türe. Da standen beide im Abstand von ein paar Zentimetern und sahen mich an. Ja, auch Messina. Nicht mit ihren Augen aber mit allem was sie hat um mich zu lieben. Und das tut sie.

DANKE

Persönliche Nachrichten:
„Ich bete für Messina, dass das Geschwür gutartig ist. An alles andere möchte ich einfach nicht denken, wo sie gerade anfängt zu leben. Ich habe Messina und auch Buffy sehr in mein Herz geschlossen."

„Weißt Du, dass Messina wahrscheinlich noch nie in einem Wald war? Und Bäume, wenn überhaupt, vielleicht ein oder zwei im Tierheim ihr zur Verfügung standen. Briefkästen, Nachrichten hinterlassen, schnuppern, neue bekannte Gerüche. Das muss für die Hundenase ein wahres Paradies sein."

„Als ich das Bild sah, auf dem Messina am glitzernden Flussufer stand, musste ich daran denken, dass sie es zwar nicht sieht, aber ihr Geruchssinn wird immer stärker werden. Sie strahlt eine ungeheure Lebensfreude aus, erwacht wie eine

Marionette zum Leben. Wunderschön, man möchte ihr automatisch immer mehr zeigen, damit sie alles kennenlernt, was sie bis jetzt verpasst hat."

„Welch ein Glück hast Du mit Messina, die Dir nicht nur voll vertraut, sie liebt Dich mit all ihrem Herzen und Verstand. Sie lässt offensichtlich die Vergangenheit einfach hinter sich und das mit einer Konsequenz, die mich nur staunen lässt."

Verschlafen

Der gestrige Tag war für mich sehr anstrengend. Sowohl emotional wegen der Tierärztin, als auch körperlich. So war es kein Wunder, dass ich gut und lang schlief. Als ich aufwachte, war es schon 9:30 Uhr. Ich konnte es kaum glauben, denn um mich herum war eine unfassbare Ruhe. Sowohl meine beiden Miezen als auch die Fellnasen schliefen noch. Doch trotzdem musste ich mich beeilen. So wurde nur kurz geknuddelt, denn Buffy saß schon im Flur. Erstaunt war ich schon, dass die beiden so lang geschlafen haben und ruhig waren. Als wir draußen waren, hatten es beide doch nicht eilig mit ihrem Geschäft, ich war froh, denn Gewissensbisse hatte ich schon etwas.

Unterwegs war sehr viel los, wir trafen einen jungen Chihuahua-Rüden und Messina verliebte sich sofort. Ob als Hündin oder als Oma wusste ich nicht so recht. Auf jeden Fall war es herrlich zu beobachten wie sie flirtete. Die beiden waren oft nebeneinander und ich habe Messina noch nie so erlebt. Sie machte sich groß und stolz wie ein Pferd, hüpfte wie eine Junge um ihn herum, da war Buffy und Lille, Rusty und zwei Schäferhunde, die wir sahen, uninteressant, ebenso Rüde Eddy, den wir etwas später trafen. Zu schön. Den ganzen Weg liefen wir ohne Leine und Messina war immer in meiner Nähe. Ich hatte auch keine Bedenken, dass sie den kleinen Abhang runter fällt. Ich beobachte sie immer, aber sobald sie keinen Boden unter ihren Vorderpfötchen spürt, bremst sie. Wenn wir einen neuen Weg laufen, wird sie einige Zeit an die Leine genommen, und etwas später läuft sie den Weg sehr sicher. Es war für sie eine lange, abwechslungsreiche Runde und danach war sie sehr müde. Am frühen Nachmittag musste ich beide aufwecken, doch sie standen auf mein Rufen sofort auf, weil sie wussten, dass es Zeit war zum raus gehen. Messina wollte zuerst nicht in das Auto, sie lief in den Garten und schmiss sich immer wieder auf den Boden zum Streicheln.

Wir waren mit einigen Menschen und Hunden verabredet und es war ein schönes, spielefreudiges Gassi gehen. Zu herrlich wie Messina mit der Nase dem Stöckchen folgte, es zwischen die Zähnchen nahm, um dann damit weg zu laufen. Stolz und freudig, als wollte sie mich wissen lassen, dass sie es kann. Und sie kann es. Vielleicht mache ich ihre Welt bunter durch alles was ich ihr biete. Die anderen Hunde, das Gras, der Wald, die Stöckchen, meine Stimme und die der anderen Menschen, das Wasser, die abwechslungsreichen Wege.

Als ich daheim die Autotüre öffnete, stieg Messina wieder selbstständig aus. Ich war absolut begeistert. So schnell und sicher als hätte sie noch nie etwas anderes gemacht.

Am Abend wachte Messina auf und bettelte lautstark nach dem Abendmahl. Sie kennt die Uhr schon ganz gut und erinnerte mich daran. Der abendliche Besuch bei meiner Nachbarin war diesmal mit Erfolg gekrönt. Messina war anständig und sie kam ziemlich schnell zur Ruhe. Sie legte sich sogar in den Flur auf den Teppich. Vor zwei Wochen sah dies noch ganz anders aus. Da war sie unruhig, schnüffelte und zerlegte die Müllbeutel. Als wir heim gingen lief sie fast alle Stufen normal. Keine zwei Vorderpfötchen mehr auf einer Stufe, sondern Pfote für Pfote auf einer Stufe. Herrlich. Ich staunte und lächelte.

DANKE

Erinnerung oder Traum

Heute Morgen passierte etwas mit Messina, ich wusste nicht was los war. Sie wurde für einen Augenblick aggressiv. Sie lag auf einem Hundebett und hörte auf dem Fußboden die Krallen von Buffy. Buffy wollte in ihr anderes Bettchen, da schnellte Messina brummend und keifend nach vorne. Buffy blieb Gott sei Dank ruhig, vielleicht wusste sie was in Messina in diesem Moment vor sich ging?! Ich rief Messina kurz zur Ruhe und diese trat dann auch schnell ein. War es ein Traum? Hatte sie durch das Geräusch der annähernden Buffy eine Erinnerung? Wieder ein Moment in dem sie mir sehr leid tat, diese wunderbare, sanfte, alte Hündin wurde für ein paar Sekunden zur Furie und ich weiß nicht warum.

Während der Gassi Runde beobachtete ich sie und es war zweimal ein Ansatz von spielen in ihrer Reaktion. Doch leider ging Buffy darauf nicht ein. Buffy ist sehr sensibel und solche Reaktionen wie heute Morgen, werfen sie in ihrem Vertrauen leider wieder zurück. Plötzlich sprang Messina heftig zur Seite, sie erschrak. Ich wusste nicht weshalb, aber auch dies war neu für mich. Denn es kommen immer mehr Reaktionen zum Vorschein, so als erwache sie langsam aus einer Starre.

Uns kam eine junge Frau mit Fahrradanhänger entgegen, darin saßen zwei Kinder. Buffy wich aus, Messina ging zu ihr und wollte gestreichelt werden. Ich sagte dies der Frau und sie meinte, dass sie panische Angst vor Hunden hätte. Als sie hörte, dass Messina blind sei und ganz zart, zog sie sehr zögerlich ihren Handschuh aus und streichelte Messina über den Kopf. Aus dem Wagen kam ein Rufen: „Mami ich will auch." Die Frau streichelte Messina noch kurz am Hals, dann war sie selbst von sich überrascht. Vielleicht bleibt das als positives Erlebnis in ihren Gedanken.

Als wir wieder daheim waren fiel mir beim Futter geben auf, dass Messina im Fressen viel langsamer geworden ist. Das ist natürlich auch ein großer Fortschritt und ich merke, dass sie immer mehr zur Ruhe kommt. Sie schläft tiefer, träumt und sie frisst ruhiger.

Am Nachmittag waren wir bei Sonne aber heftigem Sturm auf einer Wiese. Diesmal war sie nicht so orientierungslos. Meistens kam sie wenn ich sie rief und wenn nicht, dann weiß ich, dass ich näher zu ihr muss, damit sie weiß in welche Richtung sie laufen muss. Sie hört gut auf mich, außer sie hat etwas in der Nase. Da läuft sie schnurstracks in die Richtung. Wenn man ihr nachläuft und sie stoppt, dann macht sie sich kleiner, so als hätte sie Angst. Das fiel mir schon öfter auf, doch heute war es mir bewusster. Ich streichelte sie, redete mit ihr und sie folgte mir wieder.

Da wir heute nur kurz Glück mit dem Wetter hatten, fiel die Abendrunde sehr kurz aus. Dafür hab ich sie mehr gekuschelt und gerochen. Ist schon interessant wie sie riecht. So wohlig und gut, und Buffy sehr ähnlich. Das ist ein gutes Zeichen, dass ihr das Futter, das ich füttere, gut tut. Das Fell glänzt, das Gewicht ist bei 18 kg und sie sieht wunderschön aus. Ich bin jeden Tag froh, dass ich sie habe und ich hoffe, dass meine zwei Fellnasen irgendwann beste Freundinnen sind.

DANKE

Persönliche Nachricht:
„Deine Berichte sind sehr spannend, unterhaltsam und kaum zu glauben. Die Idee mit dem Buch finde ich toll. Vielleicht setzt Du es mal in die Tat um. Den Lesestoff dazu hast Du ja schon geschrieben. Ich wünsche Euch weiterhin eine gute Zeit, viele Fortschritte und vor allem viele Glücksmomente. Ich bewundere Dich für Deine Entscheidung, Deine Liebe und Geduld. Deine Tiere danken es Dir bestimmt täglich."

Kein Mittagsschlaf

Heute Morgen schien die Sonne herrlich und wir machten uns auf den Weg. Messina ließ sich vor der Wohnungstüre das Halsband umlegen, ging einen Stufenabsatz nach unten und fing zum Bellen an. Das machte sie jetzt ein paar mal und ich will ihr das abgewöhnen. Wir haben Kinder im Haus und wenn diese schlafen, ist es peinlich. Also was tun? Meine Handschuhe waren in dieser Situation gute „Wurfgeschosse". Messina braucht nur einen Hauch an Berührung damit sie aufmerksam wird, auch in dieser Situation. Als ich meine Handschuhe aufhob, lief sie schon wieder etwas weiter nach unten und versuchte das gleiche Spiel. Da musste ich dann allerdings schmunzeln, weil sie genau wusste, dass sie das nicht darf und auch gleich wieder damit aufhörte. Am Abend hatten wir dies gut im Griff, aber morgens will sie dann doch, dass alle aufwachen.

Wir spazierten wieder ohne Leine und als ein unwegsameres Gelände kam, in dem sie schnuppern wollte, war ich nicht mehr neben ihr. Als sie merkte, dass ich auf dem Parallelweg zu ihr war, wollte sie zuerst durch das trockene Gestrüpp zu mir. Sie spürte aber, dass der Weg weiter führte und somit einfacher für sie war. An der Gabelung angekommen blieb sie stehen und lauschte. Ich rief sie, sie orientierte sich und kam auf mich zu. Als ich stehen blieb, kam sie zu mir, setzte sich vor mich, als würde sie sich bedanken. Dieses ist für mich grenzenlose Liebe.

Liebe ist es zwischen Buffy und Messina noch nicht, aber ich spüre von Tag zu Tag, dass es besser wird. Da Messina im Auto noch auf dem Beifahrersitz sitzt, übten wir am Nachmittag das einsteigen. Mit ein paar Leckerli machte sie das sehr gut. Das Aussteigen ist überhaupt kein Problem mehr. Zuerst dachte ich, dass ihr es Schwierigkeiten bereitet von oben nach unten zu hüpfen, doch das kann sie jetzt sehr gut. Ich unterstütze sie verbal und sie hat Vertrauen und hüpft nach unten.

Daheim gab es für jede ein Stück getrocknete Kopfhaut, zwischenzeitlich läutete es an der Türe. Messina lag im Flur und kaute. Zuerst ging ich an ihr vorbei, sie reagierte nicht. Als ich mich zu ihr umdrehte, stand Buffy hinter mir. Das heißt, auch sie ging von Messina vorbei, ohne dass Messina sich angegriffen fühlte. In dem Moment kein Futterneid. Das sind Erfolge, die mich immer mehr hoffen lassen, dass die beiden wirklich irgendwann ein Team werden.

Am Abend waren wir bei meiner Freundin Judith eingeladen. Messina hatte kaum geschlafen, weil sie so lange an ihrem Snack kaute. Pech gehabt, nun wurde wieder Auto gefahren.

Das letzte Mal, als wir bei Judith waren, hat Messina in den Flur gepinkelt. Bevor wir in die Wohnung gingen, war ich noch mit ihr im Garten, sie erleichterte sich und trotzdem machte sie eine große Pfütze in Judiths Flur. Warum? Ich weiß es nicht. Ist es die Aufregung oder markiert sie? Als Judith und ich aßen, war Messina nicht bei uns. Auch in diesem Zimmer war es ihr zu warm und sie schmückte den Teppich im Flur. Als wir es uns nach dem Essen im Wohnzimmer gemütlich machten, lagen beide zu unseren Füßen und träumten. Danach spazierten wir noch ein paar Meter am alten Kanal entlang. Da gab es für beide Hündinnen sehr viel zu schnuppern, denn dort sind sehr viele Hunde unterwegs. Dann war der Abend vorbei, Buffy setzte sich hinten in das Auto, Messina am Beifahrersitz in ihren Sitz, mit Geschirr und Gurt. Sie legte sich schnell ab, den Kopf zuerst auf den Rand ihres Sitzes, dann auf den Schaltknüppel. Sie liebt das Autofahren und ich bin sehr froh darüber. Denn irgendwann steht uns eine längere Reise bevor. Als ich zu ihr sah und merkte, wie entspannt sie in ihrem Sitz liegt, hatte ich Hoffnung, dass sie auch die lange Autofahrt genießen wird.

Stinkende Pfötchen

Strahlender Sonnenschein begrüßte uns beim Aufwachen. Nach unserem, mittlerweile liebgewonnen Ritual des Spielens am Morgen, führte mich Buffy den Weg Richtung Tal. Dazu mussten wir die Straße überqueren und noch ein Stück am Gehsteig der sehr befahrenen Straße laufen. Als ein sehr lauter LKW an uns vorbei fuhr, schützte ich nicht nur Buffy, sondern auch Messina machte ein paar Schritte nach hinten. Das war jetzt das zweite Mal, dass ihr ein Geräusch nicht geheuer war. Autos, Staubsauger, Musik, nichts machte ihr bisher Angst, aber LKWs schon. Auf der Wiese war es sehr schön, wir genossen die Sonnenstrahlen und ich ließ den beiden Zeit. Auf dem Heimweg war Messina sehr langsam. Sie lief hinter mir her und ich machte mir Sorgen. Doch unberechtigt. Wieder daheim, ging ich meiner Arbeit nach und gegen Mittag weckte ich beide. Wir übten wieder in das Auto zu steigen und als sie drin war, war sie total entspannt. Sie wird immer ruhiger.

Auf der Wiese war ein etwas tieferer Graben und meine Freundin Christa hatte Angst, dass Messina in diesen fallen würde. Ich war allerdings nicht aufgeregt, es ist ein Graben zwischen zwei Wiesen, also weich. Meine Freundin rief Messina, sie wollte sie beschützen, doch ich wartete ab. Ich ahnte was kommt. Messina merkte, dass das Pfötchen ins Leere hing und ging nicht weiter. Sie versuchte es ein paar Zentimeter weiter noch einmal, doch auch da war der Graben. So kehrte sie um und suchte sich einen anderen Weg zu uns. Den sie auch fand. Christa war sprachlos und weinte vor Rührung. Sie sah Messina zu diesem Zeitpunkt fünf Tage nicht, und in dieser Zeit ist natürlich wieder sehr viel passiert, Messina machte Fortschritte.

Leider war die Wiese frisch geodelt. Um nicht die ganze Strecke durch die Gülle zu laufen, überquerten wir ein kurzes Stück die stinkende Wiese. Das war natürlich für die Hunde ein Paradies. Messina ließ es sich schmecken, doch sie hörte sofort auf als ich sie rief. Als wir heimfuhren war der Geruch im Auto ländlich. Doch die beiden störte das nicht, Messina rollte sich in ihrem Sitz zusammen und ließ sich die Sonne durch das Autofenster auf ihr schönes Fell scheinen. Beim Aussteigen passte ich noch auf sie auf, hielt sie etwas, aber sie machte das wirklich großartig. Im Garten wurden zuerst Pfötchen gewaschen. Dort steht immer eine Wanne mit Wasser, auch für meine Gummistiefel. Ich versuchte Messina durchzuführen, doch sie stoppte. Manchmal denke ich, dass sie kein Wasser kennt, aber das kann nicht sein. Also mag sie es nicht, denn als ich sie in die niedrige Pfütze stellte, hatte sie es eilig wieder nach draußen zu kommen. Als nächstes war Buffy dran, dies ist ja bei ihr überhaupt kein Problem. Pflegeleicht wie bei allem. Als ich mit der Pfötchenwäsche fertig war und das Wasser gewechselt hatte, damit die beiden daraus trinken konnten, war Messina außer Sichtweite. Ich wurde etwas unruhig, doch ohne Grund. Sie stand schon vor der Eingangstüre und wartete. Faszinierend wie selbstständig sie jetzt diesen Weg läuft. Im Treppenhaus wartete sie auf mich und das war gut so, denn ich putzte beiden noch die Pfötchen trocken.

Als Belohnung bekamen beide ein paar Happen getrocknete Rinderlunge, allerdings getrennt voneinander. Danach verfiel Messina wieder in ihren wohligen Schlaf bis zum Abend. Die Abendrunde fiel nicht so lang aus, denn die beiden Runden am Morgen und mittags waren ausreichend. Meine Messina, meine Buffy, meine zwei tollen Hündinnen.

DANKE

Sie hat sich gemeldet

Irgendetwas hat mich in den frühen Morgenstunden geweckt. Ich wusste nicht welches Geräusch dies verursacht hat, doch als ich aufstand, ging Messina zur Eingangstüre und wartete. Ich zog mich warm an und ging mit den beiden nach draußen. Messina hatte es nicht einmal so eilig wie ich dachte, doch sie erleichterte sich. Wir gingen ein kleines Stück spazieren und so sah ich den wunderschönen Sonnenaufgang. Als wir wieder im Treppenhaus waren, ging Buffy nach oben, Messina war noch unruhig. Sie ging einen Treppenabsatz mit hoch, drehte dann aber wieder um und ging zur Haustüre. Ihr Bäuchlein war wieder sehr laut, die Gülle tat ihr gestern wahrscheinlich nicht allzu gut. Ich entschloss mich, noch kurz in den Garten mit ihr zu gehen. Nach ein paar Minuten wurde sie ruhiger und ich wusste, dass nun alles in Ordnung ist. In der Wohnung ließen beide ihren Charme spielen, so bekamen sie schon eher als sonst ihr Frühstück und ich legte mich noch einmal kurz aufs Ohr. Später gingen wir bei Sonnenschein noch einmal raus, diesmal länger. Die Sonne und kein Wind, das wollten wir genießen. Absolut untypisch für Messina war, sie musste sich noch einmal erleichtern. Das war noch nie. Wenn wir wieder auf eine geodelte Wiese kommen, werde ich sie sofort an die Leine nehmen müssen. Denn jetzt ist die Zeit, in der die Bauern alles loswerden wollen und ich will nicht, dass es Messina dadurch schlecht geht, weil sie es frisst.

Wieder daheim hatten beide vergessen dass es schon Futter gab und sahen mich herzerweichend an. Beide standen in der Küchentüre und waren sich einig. Doch ich blieb standhaft. Es dauerte nicht lange, da legten sie sich ab und waren trotzdem zufrieden.

Am Nachmittag waren wir bei uns auf einer Insel, zwischen zwei Flüssen, verabredet. Dort war ich mit Messina noch nicht. Die Hunde planschten und tobten im Laub und es war herrlich. Solche Momente lassen einen alles vergessen, jeden Stress, jeden Kummer und man genießt das Schauspiel der Fellnasen. Als Buffy, Ella und Lea im Wasser planschten, dachte ich, dass Messina dies vielleicht auch möchte, wenigstens mit den Pfötchen. Doch sie hatte Angst, stemmte sich gegen die Leine und wollte weg. Sie durfte das auch. Ein paar Minuten später, als sie das Planschen der Anderen hörte, war sie neugierig und kam schon ein bisschen näher ans Wasser. Ich werde sie peu à peu mit dem kühlen Nass vertraut machen, vielleicht mag sie auch einmal rein.

Tina wollte sich einmal wie der Rattenfänger von Hameln fühlen. Allerdings nicht mit Kindern, sondern mit unserem Quartett. Einfach zu goldig wie sich Messina in die Gruppe integriert. Da gibt es kein Brummen, nicht einmal als Tina die Leckerli auspackte. Messina stupste mit ihrem Pfötchen Tinas Bein an und dann ließ sie sich zur Seite fallen. Betteln? Nein, niemals würde Messina betteln, sie ließ nur ihren Charme spielen. Auf der Insel war es windgeschützt, die Hunde tobten, bellten die Enten an, schnupperten, ließen sich mit Leckerli verwöhnen und all das verwöhnte uns.

Wieder daheim wurde auch schon das Bettchen aufgesucht. Zu anstrengend war die letzte Stunde mit neuem Weg, neuen Gerüchen und mehreren Hunden. Ich ließ beide schlafen und weckte sie erst wieder vor der letzten Runde. Wenn ich zu meinen Tieren gehe, sie streichle und spüre, fühle ich tiefe Liebe und Glück.

DANKE

Persönliche Nachricht:
„Ach das ist so schön wie du schreibst, da könnte ich gleich heulen"

Sturmerlebnis und Angst

Gestern waren wir vor dem Schlafengehen noch eine kurze Runde unterwegs. Es war sehr mild und windstill. Als wir ungefähr auf der Hälfte des Weges waren, hörte ich ein sehr lautes Geräusch, das immer näher kam. Ich konnte es nicht zuordnen, lichtete meine Mütze und sah zum Wald. Dieser war nördlich von mir. Im Westen steht ein Haus mit großem Grundstück und Bäumen, die vor ein paar Tagen der Sturm schon entwurzelt hat. Plötzlich sah ich eine Wand aus Laub auf mich zu kommen. Die Böe umhüllte mich und meine beiden Hündinnen. Ich überlegte wie ich heim laufen könnte. Zurück wollte ich nicht, der Weg führt an den Bäumen vorbei, die sich schon gefährlich bogen, weiter laufen und einen kleinen Umweg in Kauf nehmen, wollte ich auch nicht. Dann begann es auch noch zu regnen, aber so schlimm, dass ich so gut wie nichts mehr sah. Die Hunde schmiegten sich an meine Beine und wir hatten Angst. Der Sturm war so laut, es hörte sich an, als würde eine Wasserwelle auf uns zurauschen. Was sollte ich tun? Ich verließ mich einen kurzen Moment auf meine Buffy. Sie schlug die Richtung ein, die sie gehen wollte, nämlich zurück, an den Bäumen vorbei. Ob aus Gewohnheit oder Vorsicht, dazu hatte ich in dem Moment keine Gedanken. Inzwischen regnete es in Strömen, der Sturm ließ uns kaum voran kommen. Die Bäume bogen sich gefährlich, der Lärm nahm immer mehr zu. Wir versuchten uns zu beeilen, doch Messina kam kaum nach. Sie war sehr langsam und vielleicht auch unsicher, so musste ich um einiges langsamer laufen, in der Hoffnung, heil an den Bäumen vorbei zu kommen. Dann war es geschafft, die restlichen zweihundert Meter waren keine Bäume mehr. Trotzdem war es schwer zu laufen, weil ich wegen dem Sturm und dem Regen kaum sah wo ich lief. Bis auf die Haut nass, erreichten wir unser Haus, Gott sei Dank heil. Bei der Haustüre angekommen, schüttelten sich die beiden und gingen sofort nach oben. Ich war sehr zittrig, hatte wirklich Angst. Doch es ging alles gut und wir kamen erschöpft in die Wohnung.

Am nächsten Morgen gab es nichts Schöneres als bei Sonnenschein aufzuwachen und meine beiden Fellnasen zu sehen. Da bei mir wieder einmal Handwerker waren, passierte diesen Tag nicht sehr viel. Am Mittag waren wir im Garten und Messina rekelte sich in der Sonne. Sie bekam nicht genug davon und die Geräusche, die sie von sich gab, waren einmalig. Ich glaube, in einem vorherigen Leben war sie ein Schweinchen so grunzte sie. Die Pfötchen waren voll Moos und Gras, das Fell warm und glänzend durch die Sonne. Buffy legte sich auch in die Sonne und es war schön die beiden zu beobachten wie sie die Wärme genossen.

Am Nachmittag bekamen wir kurz Besuch von der jungen Familie, die schräg unter mir wohnt. Inzwischen traut sich auch Sohn Samuel, Messina zu streicheln. Er redete vorher mit ihr, sodass sie nicht erschrak beim Berühren. Es war schön zu beobachten wie Mama Jasmin, Laila und Samuel verliebt mit dieser alten Hündin kuschelten. Messina streckte den beiden Kindern das Bäuchlein entgegen und bekam nicht genug. Für mich ist es völlig neu, denn solche Momente habe ich mit Buffy nie erlebt. Wobei das nicht abwertend gemeint ist. Buffy mag so etwas nicht und Kinder oder deren Geräusche schon gar nicht, Messina genießt es. Beides ist gut wie es ist.

Am Abend nahm ich Messina kurz zu mir auf das Sofa, Buffy lag am Boden in einem Meter Entfernung. Messina legte sich ab und ließ sich streicheln. Als sie wieder runter vom Sofa wollte, wollte ich ihr helfen, doch sie knurrte. Da das Schwänzchen nicht wedelte, passte ich auf, dass sie nicht auf Buffy sprang. Ich redete ihr gut zu, sie hüpfte vom Sofa, knurrte aber vorher noch einige Male. Dieses Verhalten konnte ich nicht zuordnen. Sie tigerte noch eine Weile unruhig durch das Wohnzimmer und ich schickte Buffy weg. Ich wollte die beiden in dem Moment nicht zusammen lassen. Ich führte Messina auf ihre Decke, dort blieb sie auch und schlief ein. Wenn so etwas passiert, würde ich gerne wissen was in dem Moment in ihr vorgeht. Zu viel Nähe kann es nicht sein, denn sie fordert immer wieder Streicheleinheiten. Schade, dass man in dem Moment nicht in das Köpfchen schauen kann.

Nach einer entspannten und friedlichen Abendrunde gab es noch Zahnputzsnacks. Das ist unser abendliches Ritual und danach ist Messina nicht mehr unruhig oder aufgeregt. Sie weiß inzwischen, dass es der Abschluss des Tages ist. Sie legte sich in ihr Bettchen und legte den Kopf auf einen kleinen Hocker neben ihrem Bett. Das kann nicht gemütlich sein, aber wenn sie das so will, lass ich sie gerne so schlafen. Inzwischen atmet sie lauter und schnarcht auch manchmal. Das ist so schön, denn dann weiß ich, dass sie angekommen ist und sich wohl fühlt.

Selbstständig in das Auto gestiegen

Am Morgen gingen wir unsere gewohnte Runde. Wir trafen sehr viele Hundebesitzer mit deren Fellnasen. Ich bin immer etwas angespannt wenn Messina neue Hunde kennenlernt. Vor allem waren es heute Morgen gleich Sechs an der Zahl. Rüde Ben war total verliebt in Messina und es schien, als entdeckte er seine Gefühle für sie. Er war schon fast aufdringlich, doch Messina war total cool. Buffy hält sich bei solchen Treffen immer auf Abstand, doch Messina beschnupperte alle und holte sich von dem Einen oder Anderen ihre Streicheleinheiten ab. Wir sahen dem Spielen der Hunde zu und erfreuten uns an dem Moment. Als wir schließlich daheim waren, war Messina natürlich müde. Aber erst fressen, das ist klar. Schön zu sehen, dass sie nun wesentlich langsamer frisst als noch vor etwa zwei Wochen. Alles kleine Zeichen, dass sie sich immer wohler fühlt.

Am späten Mittag gingen wir in den Garten. Ich hatte Leckerlis dabei, denn ich wollte mit Messina üben, dass sie selbstständig in das Auto einsteigt. Wenn wir kurze Strecken fahren, sitzt sie vorne auf dem Beifahrersitz. In diesen hob ich sie bis jetzt immer rein, ausgestiegen ist sie nun ein paar mal von selbst. Ich lockte sie mit Leckerli und beim zweiten Anlauf wusste sie was ich von ihr wollte und sie stieg Pfötchen für Pfötchen in den Fußraum. Und als wenn das alles ganz alltäglich wäre, stieg sie auch noch auf den Beifahrersitz. Ich war sprachlos. Sie verblüfft mich immer wieder. In dem Alter so gelehrig und auch das Vertrauen mir gegenüber! So beendeten wir das Training, denn besser konnte es nicht werden. Am Nachmittag bastelte ich etwas an den Halsbändern der beiden. Sie bekamen neue Anhänger mit Telefonnummer und Adresse und etwas Schmuck durfte auch nicht fehlen.

Die nächste Gassirunde war voll von Frühlingsgeräuschen. Es war eine zeitlich lange Runde, die Hunde konnten viel schnuppern und ich genoss den Augenblick. Da ich beide den ganzen Weg an der Leine laufen lassen musste, waren sie ständig bei mir. Der Weg führte uns unter anderem an unserem Gemeindezentrum vorbei. Dort gibt es ein sehr schönes Wasserbecken. Es ist nur ein paar Zentimeter tief und als Messina darauf zu ging, hinderte ich sie nicht. Sie erschrak allerdings, als sie mit den Pfötchen das Wasser berührte. Ich lobte sie, doch sie ging rückwärts und war die nächsten Meter sehr vorsichtig. Buffy ging freudig mit den Pfötchen rein, doch auch sie konnte Messina nicht ermutigen. Im Sommer sind wir öfter am Wasser und wenn sie mag, wird sie sicher einmal ein Pfötchenbad nehmen.

Es war ein sehr schöner Abendspaziergang, endlich ohne Wind, was auch Messina genoss, mit schönem Vogelgezwitscher und relaxten Hunden, die wie eine Einheit nebeneinander liefen. Als Belohnung bekamen beide sofort ihr Abendfutter und ich staunte wieder, wie sanft und ruhig Messina wird. Vielleicht wird sie ihr Futtertrauma irgendwann einmal verlieren, ich würde es ihr sehr wünschen.

Diese kleinen Fortschritte von Messina, machen mich froh. Aber auch Buffy lerne ich anders kennen. Manchmal tut sie mir leid, weil sie im Moment nicht mehr die Nummer Eins ist, aber ich hoffe, dass sie mir irgendwann zeigt, dass es gut ist, so wie es ist. Wenn das Wetter besser wird, werde ich wieder mit ihr Rad fahren. Da kann ich mich ganz ihr widmen. Im Moment schlummern beide, Messina im Flur, Buffy neben mir auf ihrem Kuschelbett und auf den Sofakissen meine Miezen. Das ist Frieden und Gemütlichkeit.

DANKE

Schritte zählen

Wenn ich mit meinen Hündinnen laufe, merke ich, dass ich immer ein Lächeln auf den Lippen habe. Vor allem, wenn es so ein wunderbares Wetter ist, wie momentan. Zwar ist der Wind noch heftig, doch die Sonne tut so gut. Es macht einfach so Spaß die beiden zu beobachten. Egal ob nach dem Aufwachen, da müssen beide zuerst geknuddelt werden oder beim Spazierengehen. Aber der Reihe nach: Am Abend ist das Verteilen der Zahnputzbrocken unser Ritual, am Morgen Messinas Geräusche, strecken und spielen immer ganz großes Kino und ein Muss sich darauf einzulassen und zu genießen. Sie lag am Boden, zuckte und knurrte unverhalten und freute sich des Lebens. Kurz darauf im Treppenhaus hatte sie es wieder sehr eilig. Sie stand auf der Treppe, bellte und ich beeilte mich. Dann flitzten beide an der Leine vor mir her und ich kam ihnen kaum nach. Und wieder wurde ich gefragt, ob Messina wirklich komplett blind sei, weil sie sich so schnell und selbstsicher bewegt.

Es macht einfach Spaß hinter diesen beiden Popos herzulaufen. Auf unserer Wiese angekommen, spielte ich mit Buffy Stöckchen. Messina merkte das und spielte mit. Sie nahm das Stöckchen ins Maul und lief Richtung Graben. Es geht dort steil nach unten und darin befindet sich bisschen Wasser. Ich rief ihr -stopp- zu, und sie hielt sofort an und das Stöckchen fiel nach unten. So schnell hat sie noch nie reagiert, ich glaube aber, dass sie es spürte, dass es danach in die Tiefe ging.

Wir spazierten gemütlich heim und trafen unterwegs Kristin mit Gusti. Als dieser spielerisch auf Messina los flitzte, stellte sich Buffy zwischen die beiden. Das machte sie nun schon öfter und ich bin stolz auf meine Hundeseele. Spielen wollten meine beiden mit Gusti nicht, denn sie hatten Hunger. Das teilte uns Messina lautstark mit, sie stellte sich auf die Straße und bellte uns an. Das hat sie noch nie gemacht und Kristin und ich mussten sehr schmunzeln.

Schlafen lassen konnte ich Buffy und Messina nicht lange, denn ich musste meiner Nachbarin im Garten helfen und da nahm ich die beiden natürlich mit. Während Buffy sich in die Sonne legte, knurrte und bellte Messina minutenlang, sie rekelte sich und ihre Pfötchen schleuderten das Gras nur so um sich. Sie sorgte für allgemeine Erheiterung, denn auch meine Nachbarin sah der Lebensfreude zu.

Am Nachmittag waren wir mit Christa und Lea verabredet und ich beobachtete Messina wie sie mit der Erhöhung des Gehsteiges umgeht. Sie hob das Pfötchen einen Schritt zu zeitig, das sah lustig aus, doch dann lief sie den Gehsteig hoch ohne zu zögern oder zu stolpern. Man könnte denken, dass sie ihre Schritte zählt. Denn sie geht immer, fast auf den Zentimeter genau, den gleichen Weg und in diese eine Richtung klappt es immer. Bei dem anderen Weg hebt sie das Pfötchen meistens einen Schritt zu zeitig. Es ist interessant zu beobachten, doch ich weiß nicht, warum es bei dem einen Weg so gut klappt und bei dem anderen nicht.

Als Christa und Lea für mich in Sichtweite waren, stand Messina vor mir und „schaute" in deren Richtung. Weder Christa noch ich, weder Lea noch Buffy machten ein Geräusch. Messina ging schnurstracks auf Lea zu und sie begrüßten sich mit Küsschen. Man kann nicht glauben, dass sie blind ist. Diese Körperhaltung wenn sie spürt, dass sich etwas bewegt. Ich empfinde Respekt und tiefe Liebe für dieses alte Tier. Wir gingen eine schöne Strecke durch den Wald und auf Feldwegen, teils in der Sonne unter wunderschönem Himmel, Messina immer ohne Leine. Buffy drehte sich öfter um und sah nach ihr wenn sie weiter weg war um ausgiebiger zu schnuppern. Ich liebe diese Momente und bin sehr froh, dass ich die Gelegenheit habe, dies alles zu registrieren und zu beobachten. Es sind unwiederbringliche Augenblicke und sehr wertvoll. Natürlich mache ich mir Sorgen was Messina am Nasenrücken haben könnte. Dort hat sich eine Schwellung gebildet, vielleicht hat sie sich gestoßen. Doch ich versuche froh zu bleiben. Froh, dass ich sie habe und dass ich ihr, in ihrem Alter und ihrer Behinderung, noch ein schönes Leben bereiten darf.

DANKE

Persönliche Nachricht:
„Du bist ein herzensguter Mensch, Tiere spüren das. Schade, dass Du so weit weg wohnst ...!"

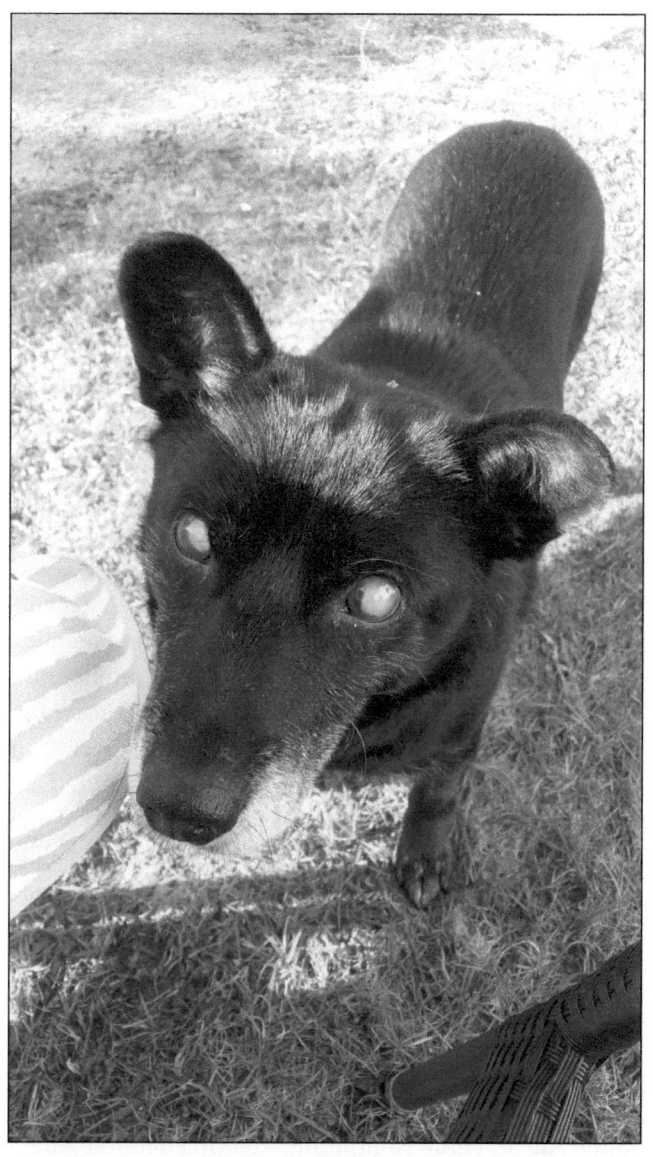

Erstes Frühstück im Garten

Da am Morgen die Sonne herrlich warm schien, trotz Minusgraden in der Nacht, beschloss ich, im Garten zu frühstücken. Ich bereitete alles vor, nicht nur das Meinige, sondern auch das der Fellnasen. Nach einer kurzen Gassi Runde ging es dann direkt in den Garten, der Kaffee wartete in der Thermoskanne und die Möbel standen in der Sonne. Als ich für die beiden das Futter öffnete, war die Freude groß. Das erste Mal, dass Messina im Garten fraß und als die Näpfe geleert waren, wurde das Gras nach Resten abgesucht. Messina war sehr unruhig und während Buffy die Sonne genoss, buddelte Messina immer an einer anderen Stelle im Garten. Das durfte sie natürlich nicht. Als sie Nachbarhund Gusti bellen hörten, flitzten beide die Hofeinfahrt nach vorne um nachzusehen. Mittlerweile war etwa eine halbe Stunde vergangen und ich war nur am Aufstehen um Messina das Buddeln abzugewöhnen, am Zurückrufen usw. Es war eine Unruhe, die mir nicht gefiel, deswegen nahm ich sie an die lange Leine und machte diese fest. Sie kam nicht zur Ruhe, drehte sich im Kreis und wollte weg. So gingen wir in die Wohnung und sie wurde ruhig.

Das Wetter blieb wunderbar und bei der Gassi Runde am Mittag trafen wir einige Menschen und deren Hunde. Buffy saß, wie immer, abseits, doch die anderen Hunde flitzten über die Felder und Messina ging zu einer Frau und ihrem Kind. Sie ließ sich erst am Kopf streicheln, dann legte sie sich auf den Boden und streckte den Menschen ihr Bäuchlein entgegen. Wir waren so gerührt. Keine Angst, keine Hemmung, Messina bereitet jedem

Freude. Einfach nur weil sie so ist, wie sie ist. So liebevoll und zart.

Die Frau war sehr erstaunt, dass Messina so selbstsicher läuft und so gut auf mich hört. Und wenn sie nicht ihre „Kristallaugen" hätte, würde man nicht denken, dass sie blind ist. Wieder ließen uns unsere Hunde alles vergessen und wir genossen die Momente.

Unterwegs mussten wir üben, nämlich, dass Messina stoppt wenn ich es ihr sage. Auch dies klappt immer besser. So kann ich sie immer wieder in aller Ruhe an die Leine nehmen. Vor dem Haus angekommen, stellte sie sich direkt vor die Haustüre, in der Wohnung wurde gebettelt. Da wurde gebellt und geheult, sie ließ ihren Charme spielen, das Köpfchen wurde schief gelegt und sie sah mir ins Herz. Da konnte ich nicht widerstehen und sie bekam ein Leckerli.

Ich war heute wieder öfter bei ihr, streichelte sie und erfreute mich an ihrem Anblick. Ich beobachtete auch die Schwellung am Nasenrücken, sie wurde nicht größer, so ersparte ich ihr heute den Gang zur Tierärztin.

Vor sieben Wochen kam Messina zu mir. Es ist ein gutes Gefühl sie hier zu haben. Bisher bereitete sie mir keine Umstände oder machte mir Ärger. Sie bellt zwar oft in der Wohnung, Buffy macht dann mit, aber auch das wird sicher besser, wenn sie die Geräusche besser kennenlernt, die sie hier im Haus immer wieder hört.

Meine 16 Pfoten, Miezen, Flöckchen und Emona, Buffy und Messina, sie lassen mich viel vergessen und machen mich glücklich.

Als ich Buffy und Messina zur Abendrunde rief, wollte Messina nicht aufstehen. Sie hörte mich, auch das Geräusch, als ich ihr Halsband nahm, aber sie machte keine Anstalten sich zu bewegen. Ich musste sie hochheben, dann erst bewegte sie sich. Ich erschrak, dachte, dass es ihr vielleicht nicht gut ging, doch sie war einfach nur faul. Denn als wir auf der Straße waren, legte sie ihr gewohntes Tempo wieder vor.

DANKE

Gefühl für böse Menschen

Als wir vom Morgenspaziergang zurück kamen, kam mir eine Nachbarin entgegen. Es ist eine sehr seltsame Frau, um nicht zu schreiben böse. Sie mag keine Tiere und ist auch zu Menschen nicht gerade nett. Ich nenne sie jetzt Frau B.

Ich hielt Buffy fest, denn sie kann Frau B. überhaupt nicht leiden. Da Buffy sehr viel nach Stimme geht und diese Frau nicht mit Tieren spricht, bellt Buffy bei jeder Begegnung. Messina ignorierte Frau B., ich dachte mir nichts dabei. Die Nachbarin sprach mich an und fragte mich wie -ER- es denn macht weil -ER- blind ist. Ich erklärte es ihr in zwei Sätzen, wobei ich betonte, dass es eine Hündin sei. Normalerweise sucht Messina immer Kontakt zu den Menschen, doch bei dieser Frau zeigte sie überhaupt kein Interesse. Das fand ich schon nennenswert und zeigt mir, wie viel Gefühl die Tiere besitzen.

Die Mittagsrunde liefen wir auf der großen Wiese. Dort gibt es viele Gräben, welche die Wiesen trennen. Messina blieb lange bei uns, doch als wir die Wiese wechselten und den tiefen Graben überquerten, traute sich

Messina nicht, uns zu folgen. Es war ihr zu steil und sie ging rückwärts. Ich legte ihr die Leine an und lockte sie. Doch auch das war nicht erfolgreich. Nicht einmal schräg nach unten zu laufen war sie bereit. Es wäre nicht so steil gewesen, doch sie hatte Angst. Da bot ich ihr meine Hand an, an der konnte sie schnuppern, ich redete ihr gut zu und sie traute sich immer weiter zu mir nach unten. Ganz kleine Schritte, Pfötchen für Pfötchen und dann war es auch schon geschafft. Und wieder zeigte sie mir ihr Vertrauen. Christa war kurz davor mir zu sagen, ich solle sie heben oder wir sollten einen anderen Weg laufen, doch ich wollte dies üben um ihr die Angst zu nehmen. Ich wusste, dass dies auch ein alter, blinder Hund schaffen kann. Und so war es. Warum sollte ich sie mit solchen Situationen nicht konfrontieren? Auch mit Wasser. Ich werde es immer wieder versuchen, in Liebe und mit Geduld. Ich denke ich weiß wann Messina genug hat und diese Grenze werde ich auf keinen Fall überschreiten.

Dann kam wieder ein Graben, ich nahm Messina an die Leine, doch das wäre nicht nötig gewesen. Sie lief den Graben langsam nach unten, neben mir her. Erneut waren wir sprachlos, über ihr Gefühl, ihr Können und das Vertrauen.

Kurz vor Sonnenuntergang lief ich mit beiden durch unsere Siedlung. Ich wollte die Luft genießen, die Farben des Sonnenuntergangs und fotografieren. Unterwegs trafen wir eine nette Frau Namens Sylvia, die nur paar Häuser weiter wohnt. Messina stupste sie mit ihrer Nase an und Sylvia streichelte ausgiebig und stellte mir ein paar Fragen. Sie ist sehr naturbezogen und findet es klasse, wie Messina ihr Leben meistert. Sie meinte auch, dass wir von den Tieren etwas lernen können. Das stimmt und der Meinung war ich schon immer. Es war ein nettes Gespräch und wir gingen dem Sonnenuntergang entgegen. Bei unserem Rundgang kam uns wieder Frau B. entgegen. Buffy machte einen großen Bogen um sie, und Messina lief an ihr vorbei. Erst in diesem Moment wurde mir bewusst, dass beide Hündinnen diese Frau B. richtig einschätzten. Buffy von Anfang an, es gibt keinen weiteren Menschen, dem sie sich so gegenüber verhält und Messina nun auch. Faszinierend.

Sprichwort: „Wer keine Tiere mag, mag auch keine Menschen". Wie wahr.

Und auf das Gespür von Buffy und auch mittlerweile Messina, kann ich mich zu 100 % verlassen. Das hat mir Buffy die letzten 10 Jahre immer wieder gezeigt und bewiesen. Ich ließ Frau B. ihres Weges ziehen und lenkte meine Gedanken auf die Natur. Es war ein wunderbarer Himmel, unsere Schatten waren lang, alles war in rötliches Licht getaucht und die Vögel zwitscherten. Ich genoss in vollen Zügen, vor allem auch, weil beide vor mir liefen mit ihren wackelnden Popos.

Ein wunderbarer Tag ging zu Ende und hat mich vieles vergessen lassen und wieder zum Lächeln und Staunen gebracht.

DANKE

Scheinträchtig

Messina war eine Zeit lang sehr unruhig, sie leckte sich ständig den Bauch. Als ich nachsah, entdeckte ich an einer Zitze etwas winzig kleines getrocknetes Gelbes. Als ich eine andere Zitze berührte, brummte sie mich an. Da auch die Schwellung auf ihrer Nase nicht besser geworden war, entschloss ich mich, zur Tierärztin zu fahren. Diese öffnete aber erst am Nachmittag. Die Morgenrunde fiel etwas kürzer aus, dafür war der Nachmittag abwechslungsreich.

Wir gingen wieder auf der Wiese spazieren, die Gülle war kaum noch zu riechen. Der Graben, den ich Messina gestern zeigte, war heute für sie überhaupt kein Problem. Ich redete ihr ruhig zu und sie folgte mir langsam nach unten. Sie wurde ausgiebig gelobt und bekam ein Leckerli.

Danach fuhren wir zur Tierärztin und wir mussten einige Zeit warten. Als wir alleine im Wartezimmer waren, legte sich Messina ganz ruhig ab, aber als Leute kamen, wurde sie nervös und unruhig. Dann waren wir an der Reihe. Die Beule auf ihrem Nasenrücken kommt eventuell von einem Stoß, den ich nicht bemerkt habe. Die Tierärztin meinte, ich solle ihn ein paar Tage beobachten, ob er sich verkleinert. Und dann diagnostizierte sie eine Scheinträchtigkeit. Zuerst wurde Fieber gemessen, Messina hielt still, doch Gott sei Dank hatte sie keines. Als die Ärztin eine Zitze berührte, kam Eiter und nicht gerade wenig. Nun wissen wir, dass Messina nicht kastriert ist. Ich hatte dies schon vermutet, nicht umsonst waren letzte Woche die beiden Rüden so „scharf" auf sie. Und man sieht auf ihrem Bäuchlein auch keine Narbe. Wir ließen Messina am Boden sitzen, ich hob sie nicht auf den Behandlungstisch und sie bekam zwei Spritzen. Bei der Zweiten jammerte sie etwas und ich fühlte mit ihr. Da ich ja nicht wusste, wie sie auf Schmerz reagiert, war ich schon sehr aufgeregt als ich sie hielt. Aber sie war sehr brav. Das Leckerli, das sie danach bekam, ließ sie alles wieder vergessen. Buffys Leckerli bekam sie auch noch dazu, denn Buffy wollte das ihrige nicht. Sie war nämlich auch dabei, aber nur zum Zuschauen. Messina wurden zehn Tage Tabletten verordnet in der Hoffnung, dass sie auch fieberlos bleibt.

Am Abend spazierten wir zu einer Wiese, auf der schon fünf Hunde waren, dazu noch meine beiden, da war der Spaß groß. Als die anderen Hunde tobten und Messina sich mittendrin befand, hatte ich schon etwas Bedenken. Doch ohne Grund. Alle passten auf sie auf und sie wurde kein einziges Mal berührt oder angerempelt. Nach einer Weile löste sich die Gruppe auf und wir liefen die Wiese nach hinten bis zu einer Stelle, wo es schön seicht ins Wasser geht. Letzte Woche hat sich Messina dort noch nicht getraut hinein zu gehen. Heute schon, es war so steil wie der Graben auf der Wiese und sie ging ohne zögern nach unten. Nur ins Wasser wollte sie nicht. Aber kein Problem, wenn sie will, wird sie es irgendwann tun.

Tina verteilte wieder die Leckerli, unsere Fellnasen standen brav nebeneinander und warteten, bis sie an der Reihe waren. Kein Futterneid, nur Frieden. Messina war absolut lebensfroh, schmiss sich auf den Boden, wälzte sich voller Freude, ließ sich von uns kuscheln, galoppierte uns nach und ich freute mich sehr, sie so agil zu sehen. Ich liebe diese zarte, schwarze, blinde Alte sehr.

Wieder daheim, standen beide nebeneinander in der Küche und schauten mir zu, als ich das Futter verteilte. Buffy bekommt es immer noch als Erste, danach Messina. Die Situation wird dabei immer entspannter.

Weil ich Messina vermisste, stellte ich ihr Hundebett in das Wohnzimmer, damit sie näher bei uns ist. Schön, dass ich diese beiden Fellnasen habe.

DANKE

Kinderfan

Die letzte Zeit war Messina recht faul. Sie kam nicht mehr sofort als ich sie rief, sie wollte nicht mehr so recht nach draußen. Buffy stand schon in den Startlöchern und freute sich, Messina blieb in ihrem Bettchen liegen. Das Halsband musste ich ihr umlegen, sie aufrichten, damit sie aufstand, erst dann bewegte sie sich. Doch als sie dann an der frischen Luft war, wurde sie munter.

Die letzte Nacht war sehr unruhig. Ich wachte sehr oft auf und hörte Messina immer an ihren Zitzen schlecken. Am Morgen war sie Gott sei Dank fit. Wir liefen eine schöne sonnige Runde und auch etwas durch den Wald. Als sie etwas in der Nase hatte, war sie wieder taub. Sie lief über Äste und Zweige und ich kraxelte ihr nach. Sie wurde richtig schnell, trotz Hindernissen.

Als wir daheim waren, bekam sie ihre erste Tablette gegen die Scheinträchtigkeit. Da zahlte es sich aus, dass sie schlingt. Buffy hätte aussortiert und die Tablette im Napf gelassen, bei Messina war alles leer gefuttert. Bei der Mittagsrunde waren die Hunde, die wir trafen, für Messina uninteressant. Sie merkte, dass in einiger Entfernung Menschen kamen und ging schnurstracks auf zwei Frauen und zwei Kinder zu und setzte sich davor. Die Frauen sahen sofort, dass Messina blind ist, animierten aber die Mädchen, meine Hündin zu streicheln. Ein Mädchen streichelte Messina mit einem Finger, das andere Mädchen ging rückwärts. Doch als sie sah, dass Messina sehr brav war, kam sie auch und streichelte kurz. Dann stand Messina auf und ging weiter. Ihre Mission, den Menschen die Angst zu nehmen, war erfüllt. Immer wieder schön zu beobachten wie ruhig die Hunde sind, wie friedlich, aber auch wie wunderbar sich manche Menschen verhalten.

Bevor wir zur Sonnenuntergangsrunde aufbrachen, trafen wir noch die Kinder vom Haus, Laila und Samuel. Als Laila Messina sah, strahlte sie, Messina ging zu ihr und auch Samuel traute sich zu streicheln. Jasmin, die Mama der beiden, strahlte auch, endlich ein Hund bei uns, der sich streicheln lässt. Denn Buffy ist nach wie vor auf Abstand was Kinder anbetrifft. Nun durften die Kinder entdecken, wie schön es sein kann, einen Hund in Ruhe zu streicheln. Als wir die Hofeinfahrt zum Auto gingen, sah Buffy eine Amsel und rannte auf diese zu. Messina lief Buffy im gestreckten Galopp nach, sie wusste gar nicht, um was es geht, aber Hauptsache mitmachen. Ich musste so lachen weil es so schön war, sie so schnell flitzen zu sehen.

Am Abend konnte ich Messina das etwas steile Stück nach unten in den Bach locken. Sie ging mit den Pfötchen in das Wasser, zwar nicht weit, aber doch soweit, dass sie aus dem Bach trinken konnte. Tina hatte wieder Leckerli dabei und Messina ließ ihren Charme spielen. Die anderen Hündinnen natürlich auch, aber bei Messina ist es außergewöhnlicher. Sie blieb stehen als Tina stehen blieb, sie schaute nach oben als würde sie Tina ins Gesicht schauen. Es sah so aus, als wüsste Messina ganz genau was sie tat. Dann spielten wir mit dem Stöckchen, ich sah ihr beim Galoppieren zu und es war wieder herzerfrischend sie so zu sehen. Vor ein paar Tagen las ich die Zeilen einer Frau, was ich meinen Hund fragen würde wenn ich könnte. Nein, ich würde nicht fragen ob sie mich genauso lieb hat wie ich sie, ich würde fragen ob sie glücklich bei mir ist. Und wenn sie mit -ja- antwortet, sage ich:

DANKE

Sonne, schlafen, Gassi

Die nächste Nacht war ruhiger, die Spritzen und Tabletten, die Messina bekam, zeigten Wirkung. Sie schleckte sich nicht mehr so oft und ich sah das als ein gutes Zeichen. Gestern schrieb ich noch, dass sie ihr Fressen so schlingt und dass das gut ist wegen den Tabletten. Oje, ich freute mich zu früh. Heute fand ich die Tablette neben ihrem Napf. Sofort wickelte ich Käse um die Tablette und gab sie ihr, ruckzuck war sie weg.

Im Laufe des Tages beobachtete ich, dass Buffy Messina kurz „anrempelte". Ich hatte Sorge, dass Messina wieder ausflippt, doch es war nur ein Bruchteil einer Sekunde, bis sie merkte, dass nichts Schlimmes passiert ist. Das freute mich sehr.

Am Nachmittag zeigte ich Messina den Balkon, den sie noch nie betrat. Sie schnupperte ganz kurz, drehte sich um und ging wieder in ihr Bettchen. Seltsam, dass es ihr dort nicht gefällt. Bin sehr gespannt, ob sie sich irgendwann einmal länger draußen aufhält.

Vor der Abendrunde wollte Messina wieder nicht aufstehen, so wurde das Halsband im Liegen angelegt, dann zart aus dem Bettchen geschubst. Sie legte sich im Treppenhaus wieder hin, doch als sie merkte, dass wir nach unten gingen, kam sie dann doch schnell nach.

Die Runde war sehr lang, wir trafen uns mit Kristin und Gusti im Tal bei wunderbarem Sonnenuntergang. Gusti genoss ein erfrischendes Bad im Bach, Buffy erreichte die Enten im Wasser wieder nicht und Messina ließ sich die Schafköttel schmecken, die überall lagen. Ich musste sie teilweise an die Leine nehmen, sonst hätte sie die Wiese leer gefressen. Das muss schon eine Delikatesse sein, diese kleinen schwarzen Kügelchen. Messina blühte richtig auf, sie machte einen wachen Eindruck, sie galoppierte, erkundete alles um sich herum und der Spaziergang, trotz der langen Zeit, gefiel ihr. Im Auto allerdings, kuschelte sie sich sofort zusammen und schlief. Die letzten paar Mal saß sie hinten bei Buffy. Auch da fühlte sie sich wohl. Das war für Messina heute ein richtiger Alter-Hunde-Tag. Schlafen, Gassi, fressen und geknuddelt werden.

Keine Nebenwirkungen

Und wieder fand ich eine Tablette auf dem Teppich neben Messinas Napf. So wurde sie wieder in Käse eingewickelt und ruck zuck war sie verspeist. Beim Gassi gehen erleichterte sich Messina und machte einen so großen Haufen, dass ich zwei Tütchen benötigte um ihn aufzuheben. Aber Gott sei Dank hatte sie keinen Durchfall, das wäre nämlich eine Nebenwirkung der Tabletten und das wäre nicht gut.

Als wir Mittag unsere Runde liefen, war Buffy ein Stück hinter uns. Ich sah sie im Wald stehen und merkte, dass sie etwas fraß. Ich musste sie holen, von selbst kam sie nicht. Als ich zu ihr ging folgte sie mir, wenn auch etwas widerwillig. Dann sah ich es: Im Wald lag eine große Menge Trockenfutter. Ich werde es nie begreifen, warum Menschen so etwas im Wald entsorgen. Wenn sie dies loswerden wollen, könnte man es auch dem Tierheim spenden. Was mich allerdings sehr gewundert hat, dass Messina kein Interesse daran zeigte. Normalerweise wird sie bei Gerüchen sehr schnell, aber diesmal nicht. Das ist natürlich ein Fortschritt, dass sie lieber in meiner Nähe ist und mir folgt. Einen kurzen Moment passte ich nicht auf, sie fiel zurück. Ich lockte sie mit Klatschten und sie fand tatsächlich den Weg zu mir. Wir trafen einen Bekannten mit seinem Rüden und der Mann fragte mich, wie Messina das alles macht, wo sie doch blind ist. Ich wusste im ersten Moment nicht was ich antworten sollte, denn Messina war ohne Leine, er sah sie zu sich kommen, er sah sie weg gehen und stellte mir diese Frage. Ich konnte nur antworten, dass sie das toll macht und gut hört.

Über solche Fragen muss ich immer etwas schmunzeln, manche Menschen denken, dass es einem Tier genauso ergeht wie einem Menschen wenn es ein Handicap hat. Doch ich denke, dass ein Tier viel besser damit klar kommt als ein Mensch.

Der Nachmittag war ausgefüllt mit Erziehung. Buffy weiß jetzt, dass sie nicht jedes Mal, wenn Messina bellt, mitmachen darf, denn Messina hört im Moment wirklich das Gras wachsen. Ich bin gespannt, ob dies für einen blinden Hund „normal" ist, oder ob sich das bessert. Einen Fortschritt gab es, nämlich, dass sie schneller ruhig wurde.

Am Abend hatte sie wieder keine Lust aufzustehen. Sie schlief im Schlafzimmer, obwohl ich ein Bettchen zu uns ins Wohnzimmer stellte. Ich zog sie mit dem halben Körper von ihrer Matratze, dann streckte sie sich und kam schließlich doch aus dem Zimmer. Als wir draußen waren, war sie wieder schnell. Warum ich sie momentan so betteln muss zum Rausgehen, weiß ich nicht. Vielleicht doch eine Nebenwirkung der Tabletten?! Als wir wieder in der Wohnung waren, gab es Futter mit der Tablette. Und wieder sortierte sie diese aus. Unglaublich wie sie das kann. Als ich die Tablette mit Käse umwickelte dachte ich, dass sie es frisst. Von wegen, wieder lag sie am Boden. Ich vermischte das Medikament mit Katzenfutter, doch auch das war ohne Erfolg. Ich musste wirklich lachen wie hartnäckig Messina war und es immer wieder schaffte, ihr Medikament nicht einzunehmen. Als ich ein etwas größeres Stück Käse abschnitt, klappte es endlich. Dann war sie erschöpft und sie verzog sich auf ihr Bettchen, allerdings nicht ins Wohnzimmer, sondern ins Schlafzimmer.

Sie geht ihre eigenen Wege

Die Morgenrunde fiel kurz aus, denn ich wusste, dass wir um die Mittagszeit mit unserem Besuch lange laufen. Als es an der Türe klingelte, war Messina hellwach. Meine Schwester Micha und meine Schwägerin Kathrin waren total begeistert wie schön Messina geworden ist. Sie hat ja doch einiges abgenommen, seidiges Fell bekommen und sie riecht gut. Nach der Begrüßung legte sie sich wieder schlafen, doch nicht lange, denn wir waren mit Christa und Lea zum Spaziergang verabredet. Micha und Kathrin vergaßen sehr oft, dass Messina blind ist und ich musste sie öfter daran erinnern, dass sie sie beobachten wie sie zum Beispiel den Gehsteig nach oben steigt. Wir liefen eine lange Runde, allerdings musste ich diesmal sehr oft auf Messina schauen. Sie war nicht nur blind, sondern auch taub, denn sie ging die meiste Zeit ihre eigenen Wege. Oft musste ich ihr nachlaufen und sie wieder zurückholen. Es war fast so, als würde sie uns allen zeigen wollen, wie gut sie ist, sich auskennt und den Weg, trotz Blindheit, alleine schafft. Es war zum Teil richtig lustig, denn Micha und Kathrin kannten Messina ja nur die paar Stunden von dem Nachmittag, als wir sie abholten. Messina zeigte nach weit über einer Stunde Spaziergang, keine Müdigkeit und schritt ihren Weg sehr selbstbewusst. Als Micha und Kathrin sahen, wie Messina die Treppen stieg, waren sie sehr begeistert, denn als sie im Januar bei mir waren, wurde Messina die Stufen noch hoch getragen.

Daheim angekommen, legte sie sich sofort auf ihr Bettchen, doch Ruhe war nicht angesagt. Bei jedem kleinen Geräusch bellte sie und sie war sehr unruhig. Man hätte denken können, dass sie mitreden und nicht alleine sein wollte. Am Abend ließen wir uns Pizza liefern, doch als Messina diese roch, war es vorbei mit ihrem Anstand. Sie knurrte und wurde für ein paar Sekunden wieder zur Furie. Doch ich reagierte sofort. Ich brachte sie in das Schlafzimmer auf ihr Bettchen und schloss die Türe. Ansonsten wäre es kein ruhiges Abendessen geworden. Als wir mit dem Essen fertig waren, räumte ich sofort alles weg, damit sie nichts mehr roch. Als sie dann aus dem Zimmer gelassen wurde, wurde trotzdem gesucht und geschnuppert. Da machte sich dann doch ihre Vergangenheit bemerkbar, in der sie sich wahrscheinlich ihr Fressen hat suchen müssen. Mein Besuch fragte mich bei der Abendrunde, ob ich alles noch einmal so machen würde und von mir kam ein eindeutiges JA.

Dann war auch dieser Tag, leider viel zu schnell, vorbei. Aber er war sehr sehr schön.

DANKE

Bellen, bellen, bellen

Nach unserer gewohnten Morgenrunde lag Messina ein paar Minuten im Flur vor der Küchentüre und ich genoss es, sie bisschen in meiner Nähe zu haben. Dann ging sie wieder ins Schlafzimmer in ihr Bettchen, doch Ruhe war kaum angesagt. Sie war wieder unruhig und bellte ständig. Bei jedem Geräusch bellte sie lautstark. Kaum war sie ruhig, ging ich sofort zu ihr, um sie zu belohnen, doch ein paar Minuten später wieder das Gleiche. Es war sehr anstrengend. Endlich, nach 3 Stunden, wurde sie dann doch ruhig und schlief.

Auf unserer Sonnenuntergangrunde folgte sie mir ohne Leine. Mit gutem Zureden hatte sie den Mut, selbstständig einen sehr steilen Abhang nach unten zu laufen. Das war ein großer Vertrauensbeweis, denn vor einer Woche ging sie diesen kleinen Berg noch nicht nach unten. Damals musste ich sie anleinen und erst dann folgte sie mir. Dies war heute wieder ein kleines, für mich allerdings ein großes Wunder. Auf dem Heimweg stellte ich sie auf die Probe: Ich ließ sie vorne weg laufen und war gespannt, ob sie den Weg heim läuft oder sich verirrt. Sie überquerte die Straße, lief geradeaus bis zu der Stelle, an der wir rechts abbiegen müssen. Sie lief zwar einen großen Bogen, aber sie bog ab, ohne dass ich sie lotsen musste. Buffy und ich waren mit etwas Abstand hinter Messina. An der Hofeinfahrt angekommen, lief sie etwas langsamer, vorbei an den Autos und dann bog sie rechts zur Haustüre ab. Sie fand von selbst nach Hause. Toll.

Da hatte sie sich das Futter mehr als verdient und die Tablette hatte bei dem Hunger keine Chance im Napf zu bleiben.

Das Leben mit meinen zwei Hündinnen ist interessant, spannend, neu. Morgen sind es zwei Monate, dass ich Messina habe und ich kann es mir nicht mehr vorstellen ohne sie zu sein. Dass es so leicht wird, hätte ich nicht für möglich gehalten. Ja, ich denke, dass ich wirklich alles richtig gemacht habe, sie zu mir zu nehmen. Mich auf das Abenteuer – meine blinde Hündin Messina – einzulassen.

Es wird spannend bleiben, ich werde weiterhin beobachten und ich werde mich sicher immer wieder dabei ertappen, wie ich mit einem Lächeln im Gesicht Gassi gehe.

DANKE

Persönliche Nachrichten:
„Du hast alles richtig gemacht liebe Xandra. Es ist herrlich wie Messina diese Zeit bei dir genießt und sie hat es sooo verdient."

„Sie hat Glück, ein gutes Zuhause zu haben. Ich lese von Dir immer wieder gerne, wie sie sich entwickelt. Und in dieser

dunklen Zeit abends zu lesen, was die Tiere erleben, öffnet mir das Herz, lenkt mich von all dem ab, was gerade in dieser Welt passiert. Dieser Moment ist sooo wichtig."

Messina ist seit acht Wochen bei mir

So gut wie ich diese Nacht schlief, so schlecht schlief ich vor 8 Wochen. Das war nämlich die Nacht bevor Messina zu mir kam. Jetzt bin ich nicht mehr aufgeregt, schlafe gut, weil meine zwei Fellnasen bei mir sind, weil sie zu meinem Leben gehören.

Um die Mittagszeit war ich mit beiden im Garten zum Üben. Als ich mich verstecken wollte, vergaß ich Messinas gute Nase. Kaum bewegte ich mich ein paar Meter, war sie auch schon bei mir. So übten wir wieder -Pfote-, das fiel ihr aber sehr schwer. Bei der Übung -Platz- hat sie mich überrascht, aber ich glaube, das lag an den guten kleinen Leckerlis in meiner Hand. Denn ohne diese machte sie nicht was ich wollte. Aber ich bin nicht streng, wichtig war, dass sie zu mir kam.

Deswegen nahm ich die Leckerli auch am Abend mit. Wir waren drei Frauen mit unseren vier Hündinnen und gingen an der Stelle vorbei, an der gestern im Wald Paprikachips lagen. Dort ist auch ein kleiner Sportplatz, an dem Kinder spielten. Ich dachte nicht mehr an die Tüte, Messina erschnupperte sie und als ich nach ihr sah, war sie schon am Fressen. Ich nahm sie schnell an die Leine und bat die Kinder das aufzuräumen, was sie auch taten. Nach ein paar Metern ließ ich Messina wieder frei, doch sie machte wieder kehrt und trabte den Weg zurück zu den Chips. Sie wusste aber genau, dass sich diese nicht mehr im Wald befanden, sondern schon im Mülleimer, denn davor blieb sie stehen. Sie ist so schlau. So nahm ich sie wieder eine kurze Zeit an die Leine. Danach klappte alles total gut. Sie lief mit uns und blieb auch immer in der Nähe. Einmal verließ sie den Weg und erkundete den Graben zwischen Weg und Häusern. Da der Graben ziemlich steil ist, hätte ich nicht gedacht, dass sie sich den alleine laufen traut. Doch als wäre es nie anders gewesen, lief sie den steilen Graben nach unten, auf der anderen Seite wieder hoch und setzte sich vor mich hin um ihr großes Lob abzuholen. Danach liefen wir einen Trampelpfad zwischen zwei Feldern, sie tat sich am Anfang sehr schwer, rutschte links und rechts immer wieder ab. Ich war ihr kurz behilflich, zügelte sie etwas in ihrer Geschwindigkeit, blieb nah an ihrer Seite und dann lief sie sehr sicher ohne zu stolpern. Der Rest des Weges war dann einfach und als wir heim kamen, war es schon spät, die Sonne war bereits untergegangen. Wir waren weit über eine Stunde unterwegs und ich konnte keine Müdigkeit an Messina feststellen. Als Belohnung bekamen meine beiden sofort ihr Futter und es war auch keine Tablette mehr in Messinas Napf zu sehen. Gott sei Dank geht es ihr nun besser, sie hat Appetit und hatte keinen Durchfall als eventuelle Nebenwirkung der Medikamente. Danach schliefen beide an ihren Lieblingsplätzen.

Zwei Monate lebt sie nun bei mir und ich werde nicht müde, all das ganz bewusst zu sehen und zu lächeln.

DANKE

100 % Nervosität

Um die Mittagszeit ging ich mit beiden Hündinnen in den Garten. Buffy liebt es in der Sonne zu liegen, Fliegen zu fangen, manchmal bisschen Gras zu fressen. Da ich zu tun hatte und nicht auf Messina achten konnte, konstruierte ich eine Sperre, damit sie den Garten nicht verlassen konnte. Doch sie setzte alles in Bewegung aus dem Garten zu kommen. Sie war penetrant, machte sich klein, schlüpfte unten durch und schaffte es tatsächlich aus dem Garten in die Hofeinfahrt zu gelangen. Beim dritten Mal rannte sie nach vorne und stellte sich vor die Haustüre. Sie wollte nicht unten bleiben, sondern nach oben. Ich nahm sie wieder mit nach hinten in den Garten und band sie fest. Trotzdem kehrte keine Ruhe ein. Sie bellte ununterbrochen, lief solange im Kreis, bis die Leine komplett aufgewickelt war und sie war auch nicht durch Streicheln zu beruhigen. Nach über einer Stunde wurde es mir zu laut, so ging ich nach oben. Messina konnte in der ganzen Zeit nicht abschalten. Wenn ich sie so erlebe, würde ich zu gerne wissen, warum sie so unruhig war. Sie hörte meine Stimme, spürte, dass ich in ihrer Nähe war, sie roch auch bestimmt, dass Buffy anwesend war und trotzdem war sie nervös. Hat sie ihr Bettchen so liebgewonnen, dass sie Angst hatte im Hof bleiben zu müssen? Hat sie ein Trauma vom draußen leben? Vielleicht fühlt sie sich doch irgendwann einmal im Garten wohl, aber sollte es nicht klappen, dann werde ich sie nicht zwingen, dann darf sie in ihrem Bettchen bleiben.

Als wir in der Wohnung waren, war sie sofort still, kein Bellen, keine Unruhe. Die Welt war für sie in Ordnung.

Am Abend trafen wir uns wieder mit Christa und Lea. Vorher aber musste ich Messina wieder mit liebevoller Gewalt aus ihrem Bettchen schubsen. Sie ist so süß wenn sie schläft und ich wollte sie nicht wecken, aber wenn wir draußen sind, ist alles gut.

Unsere drei Hündinnen sind ein tolles Gespann, der Spaziergang tat uns gut, die Sonne erhellte unser Gemüt und das Beobachten unserer Fellnasen brachte uns auf andere Gedanken.

– Wenn man den Lärm der Menschen nicht mehr ertragen kann, sucht man die Stille der Tiere –

Die Abendrunde war abwechslungsreich, wir trafen weitere fünf Hunde und es war friedlich und entspannt. Und nicht nur für die Hunde, auch für die Besitzer, denn alle genossen das wunderbare Wetter. Man spürte förmlich die Energie und die Freude, die alle Lebewesen ausstrahlten. Schön, was die Sonne und ein bisschen Wärme mit uns macht. Ich hoffe natürlich, dass sich Messina im Sommer auch wohl fühlt. Ob sie die Sonne kennt? Hat meine alte blinde Hündin sie jemals gesehen?

Manchmal habe ich viele Fragen, diese werden mir leider nie beantwortet werden. Hauptsache ich kann das Jetzt genießen und das tue ich jeden Augenblick.

DANKE

Alptraum

In der folgenden Nacht wurde ich durch ein hysterisches Knurren geweckt. Ich dachte im ersten Moment, dass meine zwei Fellnasen aneinander geraten sind und war sofort hellwach. Doch Buffy lag in ihrem Bettchen und hatte große, erschrockene Augen. Messina allerdings stand im Schlafzimmer und knurrte ins Nichts. Sie rumpelte gegen die Schlafzimmertüre, stand dann zwischen Kleiderschrank und Türe und war wie von Sinnen. Nachdem ich sie ansprach beruhigte sie sich etwas und kam näher. Ich streichelte ihre Schnauze und von ganz unten ihrer Kehle kam ein drohendes Knurren. Ich zog langsam meine Hand zurück, da schnellte sie zurück zur Türe und knurrte wie wild, ihr Körper total versteift. Buffy lag wie gelähmt in ihrem Bettchen und verhielt sich leise, ich sprach ruhig mit Messina. Plötzlich, als wenn sie aufwachen würde, wurde sie locker, ging auf ihre Matratze und schlief ein.

Ich berührte sie zart und alles war gut. Ich hatte keine Bedenken mehr, dass sie noch einmal knurrt, denn ich glaubte fest, dass sie geträumt hat. Als ich sie ansah, wie sie da lag, so schön, ganz klein und rund zusammengerollt und wieder friedlich. Was wird sie wohl alles erlebt haben? Wie viel Nachwuchs musste sie verteidigen? Wie lange ist sie schon blind? Hatte sie jemals über so einen langen Zeitraum wie jetzt bei mir, eine liebevolle Hand?

Meine Gefühle für dieses alte Wesen werden immer mehr. Nicht nur Messina hat bei mir das große Los gezogen, sondern auch ich. All das, was ich mit ihr bisher erlebte, ist wertvoll und eine Aussage von einem Mitmenschen, „warum ich mir das antue" konnte ich nur unkommentiert lassen.

WENN diese Zeilen einmal ein Buch werden, was ich mir sehr wünsche, dann hoffe ich, dass ich damit die Einstellung mancher Menschen ändern kann. Auch meine Schwestern waren skeptisch und sagten, dass sie das nicht könnten, weil man sich um so einen Hund kümmern muss. Das stimmt aber nicht. Um Messina musste ich mich bisher nicht viel kümmern. Und ich glaube, dass man mit jedem alten Hund aus dem Tierschutz ein einfaches Leben haben kann. Sie sind froh, wenn sie ihr Futter bekommen, wenn sie gestreichelt werden und einen warmen Schlafplatz haben. Und sie geben uns unendlich viel zurück, nämlich Liebe und Dankbarkeit.

Bei der Gassirunde beobachtete ich, dass Messina schon aus sehr weiter Entfernung merkt, dass ein Hund entgegen kommt. Geruch? Vibration? Es ist sehr interessant zu beobachten wie sie reagiert und in diese Richtung „blickt".

Mittag waren wir kurz im Garten um bisschen zu üben. Bei den Übungen -Pfote- und -Platz- weiß sie immer noch nicht was ich von ihr will. Sie macht es zwar, kann es aber nicht verknüpfen. Mmh, vielleicht sollte ich doch rumänisch sprechen?

Sie hielt es wieder nicht lang im Garten aus und wollte wieder hoch in die Wohnung. Ein Bekannter erzählte mir, dass er auch einmal einen blinden Rüden hatte. Dieser kam auch nie zur Ruhe. Wenn sie ihn zum Beispiel beim essen gehen dabei hatten, stand er die ganze Zeit neben den Beinen, er legte sich nie ab. Vielleicht ist das eine „Eigenschaft" blinder Hunde?! Dass sie nur daheim im Körbchen abschalten können, weil dort keine Gefahr droht?

Bei der Abendrunde war sie kurz auf Abwegen, aber sie meisterte die paar Meter total gut. Erst den Zaun entlang, dann den Abhang langsam runter, mit gutem Zureden überhaupt kein Problem mehr. Dann durch das Gestrüpp wieder hoch zu mir, um ihr Lob abzuholen.

Noch vor gut einer Woche wollte sie so etwas nicht laufen, heute machte sie es schon alleine.

Ein Stück weiter kamen wir an einem großen runden Gitter vorbei, das in den Boden verankert ist. Sie lief einen Schritt vorwärts, spürte das Gitter, drehte sich weg und machte einen großen Bogen, um zu uns zu kommen. Ich rief sie, doch sie kam nicht. Ich ging zu ihr, nahm sie an die Leine und führte sie ganz langsam über das circa drei Meter lange Gitter. Sie lief langsam und vorsichtig, und ich hielt die Leine ganz locker. Sie hatte Vertrauen und lief mit mir ganz langsam darüber. Es war wieder ein schöner Spaziergang ohne Langeweile. Die Fellnasen wackelten entspannt vor uns her, und wenn ich Messina beobachte, werde ich des Lächelns und des Staunens nicht müde.

Als wir daheim waren und sie gefressen hatte, schlief sie sofort ein. Ich hoffte für sie, dass sie schlafen kann ohne von ihrer Vergangenheit verfolgt zu werden.

Schlafmütze

Die Nacht war ruhig und Messina entspannt. Als ich ihr heute Morgen das Futter gab, blieb keine Tablette im Napf zurück, so arg war der Hunger. Messina wollte heute an Buffys Napf, doch ich ging einen Schritt auf sie zu, sie ging rückwärts und dann war es kein Thema mehr. Bei der nächsten Futtergabe wartete sie anständig, bis sie an ihrem gewohnten Platz ihren Napf bekam. Um die Mittagszeit hatte ich etwas im Garten zu tun, doch Messinas Unruhe war nicht schön. Sie lief ständig zur Haustüre, so nahm ich sie an die Leine und band sie fest. Als wir später wieder in der Wohnung waren, inspizierte sie tatsächlich den Balkon. Es siegte die Neugierde. Sie kam ein paarmal nach draußen gelaufen, ich streichelte und lobte sie und ließ sie schnuppern. Ich breitete ihr eine Decke aus, doch sie wollte nicht bleiben und legte sich wieder auf ihre Matratze ins Schlafzimmer. Kein Interesse für das Draußen. Als meine Freundin zu Besuch kam, sprachen wir über dieses Verhalten und sie war der gleichen Meinung wie ich, dass Messina glücklich ist, wenn sie ihren Platz hat, keinen Wind, keinen Temperaturunterschied, einfach nur innen sein zu dürfen.

Als die Post kam, fiel mir ein etwas dickerer Briefumschlag auf und als ich den Absender las, fiel es mir wieder ein, dass ich für Messina ein gelbes Tuch mit drei schwarzen Punkten bestellt hatte. Die meistens Menschen sehen es zwar an ihren (Kristall)Augen, dass sie blind ist, aber ich finde es wichtig, dass man schon von Weitem sieht, dass ein blinder Hund kommt.

Messina rührt uns zu Tränen

Mein Besuch und Christa mit Lea trafen sich für einen Spaziergang. Es war Einiges los, viele Menschen mit ihren Hunden waren unterwegs. So trafen wir Dominik mit Rüden Gizmo und eine junge Frau mit einer jungen Hündin. Da waren schon so einige Länder vertreten, alles Hunde aus dem Tierschutz. Wunderbar. Die Hunde spielten, wurden gekuschelt und wir entschlossen uns, alle gemeinsam den Weg zu laufen. So waren es sechs

Hunde und sieben Menschen. Großes Kino und meine blinde alte Hündin mitten drin. Ich hatte für ein paar Minuten Bedenken, doch wieder umsonst. Es war friedlich und spielerisch. Als wir nicht mehr weit von Daheim weg waren, fanden sich Rüde Loki und Messina. Sie spielten mit einer Ruhe, dass wir stehen blieben und beobachteten. Wir konnten unsere Tränen nicht zurückhalten. So schön war es mit anzusehen, wie Messina spielte.

Vor neun Wochen bekam ich sie und wusste nicht, dass sie überhaupt spielt. Ansatzweise zeigte sie kurze Freude Buffy gegenüber, aber Buffy ist jetzt keine Hündin, die gerne spielt. Leider ist diese Zeit vorbei. Und Messina kommt mit Buffys Reaktion nicht klar, sie empfindet es als Angriff, deswegen haben meine beiden noch nie gespielt. Umso erstaunter und erfreut war ich, als ich diesen Moment beobachten durfte. Große Freude kam in unser aller Herz, minutenlang standen wir um die beiden und erfreuten uns. Den restlichen Weg konnten Messina und Loki nicht voneinander lassen. Immer wieder forderten sie sich auf, mit einer Ruhe und Akzeptanz. Es war herrlich.

Daheim gab es getrocknete Kopfhaut für meine beiden, dann legte sich Messina in ihr Bettchen. Sie ließ ihren Oberkörper und die Pfoten aus dem Bettchen fallen, viel zu müde um sich richtig rein zu legen. Dann durften sie in Ruhe schlummern, bis wir am frühen Abend meine Nachbarin besuchten. Diesmal waren die Müllbeutel zwar interessant, doch Messina ließ sehr schnell davon ab und legte sich tatsächlich zu uns ins Wohnzimmer. Sie lag auf dem Teppich und wurde ruhig. Das letzte Mal als wir hier waren, wurden die Mülltüten inspiziert, nervös in der Wohnung umhergelaufen und heute, die Ruhe selbst. Das sind wunderschöne Momente, die mich spüren lassen, dass es Messina immer besser geht. Ich musste lächeln und mir wurde warm ums Herz.

DANKE

Zirkus zu Besuch

Auf der Wiese, auf der wir gerne sind, sahen wir Zirkusleute. Ohne Tiere, aber ein Pferd war zu Gast. Das gefiel Messina. Sie schnupperte am Zaun, doch dann lief sie uns brav nach und schmiss sich alle paar Meter auf die Wiese. Dort gibt es einen kleinen Bach, die Hunde planschten und ich überredete Messina mit den Pfötchen ins Wasser zu gehen. Zuerst stemmte sie sich gegen die Leine, wollte weg von mir, doch mit bisschen zureden ging sie dann die Böschung nach unten und mit den Vorderpfötchen stand sie dann tatsächlich im Wasser. Nicht lange, und als sie weg wollte, hielt ich sie auch nicht auf. Sie genoss alles um sich herum, die tobenden Hunde, die Sonne, das Stöckchen, sie lief weit vor, kam aber auf Rufen und Klatschen sofort zurück. Sie galoppierte zu mir, war lebensfroh und sie schenkte mir wieder wunderbare Augenblicke. Als ich zum Auto zurückkehrte, nahm ich sie an die Leine, denn das Pferd wurde aus seiner Box geholt und wurde voltigiert. Nicht dass Messina dies sah, aber sie schnupperte, brachte die Nase nicht mehr weg vom Boden und stemmte sich derart in die Leine, dass ich sie kaum von den Zirkusmenschen weg brachte. Die Leute waren sehr nett, wir unterhielten uns etwas, so durfte Messina noch etwas lesen. Ob sie schon jemals ein Pferd gerochen hat?

Am Abend wollten wir nur kurz laufen, doch als wir unterwegs waren, war es zu schön und wir liefen länger. Die Luft war herrlich, der Sonnenuntergang auch und es gab wieder einige Hundebegegnungen. Wir trafen Labradorrüden Pino, ein knappes Jahr alt und Messina flirtete mit ihm. Sie forderte ihn zum Spielen auf, flitzte mit ihm durch das brach liegende Feld und es war großes Kino. Das Herrchen von Pino war sprachlos als er Messina beobachtete, wie sie selbstsicher läuft, spielt und seinen Hund Pino zum Spielen animierte. Es war wieder wunderschön und meine blinde Hündin brachte uns mal wieder zum Staunen. Auch als wir Richtung Heim liefen, Messina war einige Meter vor uns und ich hatte Angst, dass sie durch die Bahnhofsunterführung läuft. Ich lief schneller, ich rief sie, klatschte und sie wendete und kam den ganzen langen Weg zurück zu uns. Christa und ich waren sprachlos, denn wir hätten wirklich gedacht, dass sie weiter läuft. Und wieder hat sie uns überrascht.

Ein wunderbares Gefühl und ein großes Wort in meinem Herzen:
DANKE

Sie ging allem aus dem Weg

In letzter Zeit stellte ich Veränderungen an Messina fest. Sie schläft tiefer, sie atmet nicht mehr so oberflächlich, sie streckt sich immer wieder, was vor ein paar Wochen noch gar nicht war. Sie ist völlig angekommen. Mir ist es in der Vergangenheit öfter aufgefallen, dass sie nicht „einsinkt" in ihrem Bettchen, keine Regung zeigt. Ich finde keine besseren Worte. Doch nun habe ich das Gefühl, dass sie losgelöst ist und sich fallen lassen kann. Deswegen nun auch vielleicht die Träume. Tieferer Schlaf. Nicht aufstehen wollen. Es ist immer wieder goldig wenn ich sie aufwecke und sie zum Aufstehen bewege. Ich zieh sie halb aus ihrem Bettchen, sie lässt alles mit sich geschehen, völliges Vertrauen mir gegenüber. Dann steht sie auf, streckt sich und kommt zur Wohnungstüre. Dort setzt sie sich hin und sieht zu mir nach oben. Jeden Tag aufs Neue. Manchmal flitzt sie die Treppen schon vor mir nach unten.

Ich könnte sie ständig knuddeln. Dieses alte, schwarze, blinde Tierchen hat mein Herz erobert. Und ich frage mich, ob man zwei Seelenhunde haben kann. Buffy war meine erste Hündin, zu diesem Zeitpunkt wusste ich nichts über Hunde, doch ich habe mich auf dieses Abenteuer eingelassen und keinen Augenblick bereut. Jetzt, nach knapp zehn Jahren, ein neues, ganz anderes Abenteuer mit Messina, dank Buffy.

Messina stieß heute nirgends an. Das Türchen zum Garten war geschlossen, sie versuchte einen Weg zu finden, merkte aber, dass sie nicht durch kam. So lief sie an der Hecke entlang und in den Garten. Es stand Einiges im Weg, zwei Sessel, ein Ofen, ein Pavillon, doch sie wich dem allem aus und kam zu mir. In solchen Momenten kann man nicht einfach seine Tätigkeit weiter machen. Nein, man muss beobachten und staunen. Immer wieder aufs Neue, auch nach neun Wochen.

Besuch aus Österreich

Ich entschloss mich mit den Hündinnen auf die Wiese zu fahren, an dem der Zirkus stand. Die Atmosphäre dort ist schön, Wald, Wiese, Wasser. Als ich parkte, wusste Messina schon, dass sie aussteigen durfte. Kaum öffnete ich die Beifahrertüre, stand sie auf, drückte ihre Nase an den Beifahrersitz und als ich diesen nach vorne klappte, flitzte sie aus dem Auto. Ja, Ihr lest richtig, mittlerweile flitzt sie. Die ersten Meter nahm ich sie allerdings an die Leine, denn es lagen Essensreste auf der Wiese. Da Buffy sofort in den Wald lief, ging ich ihr nach. Wir mussten dazu über eine kurze Holzbrücke. Messina begriff zuerst nicht, dass sie ihr Pfötchen höher setzen musste und wollte ausweichen, doch mit gutem Zureden ging sie ganz langsam über das Holz. Den steilen Weg nach oben meisterte sie super, trotz Wurzeln, die hoch aus der Erde ragen. Den Weg durch den Wald genossen wir drei sehr. Das Wetter war wunderbar, die Nacht vorher hatte es stark geregnet und die Luft war klar. Das Vogelkonzert begleitete uns und ich erfreute mich an meinen zwei Fellnasen, die entspannt und neugierig durch den Wald liefen. Am Ende vom Wald mussten wir wieder über eine Holzbrücke, da sicherte ich Messina wieder. Sie braucht auf der Seite immer noch eine Anlehnung und das hat die Brücke nicht. Wenn sie dort abstürzen würde, würde sie circa drei Meter in die Tiefe fallen. Nach dieser Brücke kommt die Wiese und ich ließ sie wieder frei. Die Zirkusleute waren noch anwesend und wir begrüßten uns herzlich. Sie kannten uns noch vom letzten Mal. Eine wunderbare, heute etwas längere Frührunde.

Am Mittag bekamen wir Besuch aus Österreich. Bettina, die meinen Berichten regelmäßig folgt, kam zu Besuch. Zuerst wurden die bellenden Hündinnen begrüßt, dann gingen wir Gassi. Bettina sah oft zu Messina, wie sie vor uns lief und wunderte sich, wie selbstsicher sie ist. Und sie war begeistert von ihrem zarten Wesen. Die letzten Meter übergab ich Bettina die Leine und sie wurde von zwei Hündinnen nach Hause geführt.

Am Abend hatten wir keine Lust zu kochen, so holte Bettina Pizzen. Ich wusste nicht, wie lange sie brauchen würde. Interessant war, dass Messina plötzlich knurrte und bellte. Ich stand auf, weil ich vermutete, dass es gleich klingeln würde und so war es auch. Fünf Sekunden nach Messinas Reaktion klingelte Bettina. Messina hatte sie schon gehört und erkannt. Als meine Schwester zu Besuch war, klappte Pizza essen gar nicht. Als Messina diese Düfte roch, wurde sie zur Furie und wir mussten sie aus dem Zimmer, in dem wir aßen, aussperren. Heute war das kein Thema. Sie lag im Schlafzimmer am Boden und streckte alle vier Beinchen von sich. Ein schöner Tag neigte sich wieder dem Ende zu, mit schönem Wetter, lieben Menschen und Lachen.

DANKE

Waldhund

Die Nacht war für Messina sehr unruhig. Bettina schlief im Schlafzimmer, ich im Wohnzimmer auf dem Sofa. Sehr oft hörte ich die Krallen von Messina auf den Fliesen. Bettina bekam von dem allem nichts mit, Gott sei Dank schlief sie gut. Für Messina waren es vielleicht andere Atemgeräusche und deswegen war sie unruhig? Nach dem Frühstück fuhr ich mit den Hündinnen auf die Wiese. Ich wollte die Runde von gestern anders herum laufen und Messina beobachten, ob sie den Berg auch nach unten laufen kann, den sie so gut nach oben lief. Christa war mit Lea dabei. Wir liefen die Wiese am Wasser entlang und dann kam die Holzbrücke, an der ich Messina an die Leine nehmen muss. Dann ließ ich sie wieder frei und wir liefen gemütlich den Waldweg entlang. Messina immer in unserer Nähe, Lea ging planschen und Buffy genoss das lesen. Wenn man im Wald ein Stück weiter läuft, geht es sehr sehr steil nach unten. Lea flitzte voran, Buffy lief etwas langsamer und Messina folgte den beiden ohne zu zögern. Wir bewunderten Messina, wie selbstsicher sie den Berg nach unten lief, die Nase nah am Boden. Unten angekommen, gingen wir den Berg auf der anderen Seite nach oben, denn am Wehr war die Brücke defekt, das war uns zu gefährlich. Messina lief den Berg wunderbar nach oben, immer weiter. Auf mein Rufen kam sie sofort zurück, dann lief sie wieder voraus, blieb stehen und drehte sich nach uns um. Sie sah zu uns und wartete bis wir wieder bei ihr waren. An einer Stelle wollte sie nach rechts und Christa dachte für einen kurzen Moment dass Messina abstürzt. Doch Messinas Reaktion war sehr schnell und sie fand wieder den richtigen Weg. Dann kam die Stelle, an der wir gestern nach oben gingen, heute ging es steil bergab über viele Wurzeln. Ich kam ihr kaum hinterher. Sie lief den Berg absolut sicher nach unten. Dann kam die Holzbrücke, die sie alleine lief, schön in der Mitte, langsam und vorsichtig. Es ist unglaublich, jeden Tag lernt sie aufs Neue, wird sicherer, selbstbewusster und schneller.

Am Abend trafen wir einen junge Rüden Namens Karlo mit Frauchen. Messina flirtete wieder. Sie machte sich groß, die Ohren bewegten sich etwas nach hinten, das Schwänzchen wackelte wie wild, ihre komplette Haltung veränderte sich. Sie forderte zum Spielen auf und es war wieder ganz großes Kino. Einmal wendete sich Karlo ab, doch Messina sah dies ja nicht und forderte ihn erneut auf. Als sie dann merkte, dass er nicht mehr in ihrer Nähe war, stand sie wie geschockt. Da tat sie mir unendlich leid. Doch ich reagierte schnell und rief Karlo zu mir. So bekam Messina von Karlo die Ohren abgeschleckt und ein Nasenbussi. So schön wie die Gassirunden heute waren, so leid tat mir Messina, dass sie nichts sieht. Denn dann würde sie auf Buffys Aufforderung anders reagieren und hätte auch gesehen, dass Karlo ein Stück von ihr weg ist.

Vor dem Schlafengehen war ich mit beiden noch im Garten. Danach spielte ich mit Buffy Ball und Messina wartete vor der Haustüre. Mittlerweile muss ich sie nicht mehr am Gartenzaun anbinden, sie bleibt vor der Tür.

Sie spielte mit mir

Als wir am Morgen unterwegs waren, zeigte Messina absolute Lebensfreude. Sie war übermütig, sprang in die Luft und dann forderte sie MICH auf, mit ihr zu spielen. Es war ein Highlight und ich machte natürlich mit. Es machte mich unendlich glücklich, sie so zu erleben.

Als wir daheim im Treppenhaus waren, wollte sie weiterspielen, auch mit Buffy. Messina drückte den Kopf an sie, ging mit den Vorderpfötchen nach unten, wedelte mit dem Schwänzchen, hüpfte umher und bellte. Doch dieses Bellen war Buffy nach wie vor unangenehm. Sie blieb unten im Treppenhaus stehen, wartete bis wir ihr Platz machten, um dann ganz schnell an der bellenden, übermütigen Messina vorbei zu huschen. Schade.

Am frühen Abend trafen wir uns auf der Wiese, auf der momentan der Zirkus weilt.

Wir trafen ein junges Pärchen mit Mini Bulli an der Schleppleine. Da Messina auf Abwegen war, um zwei junge Mädchen beim Ball spielen zu stören, um gestreichelt zu werden, musste ich sie öfter rufen. Die Frau Namens Nina mit Mini Bulli Dörte sprach mich an und fragte mich, ob das DIE Facebook Messina sei. Ich war sprachlos und erfreut. Nun sah die Nina Messina einmal live und mich natürlich auch. Wir genossen das Miteinander der Hunde: Buffy saß in der Wiese um zu beobachten, Lea planschte, Ella hütete, Messina schmiss sich des Öfteren in das Gras, um alle vier Beinchen in die Luft zu strecken und es war wunderschön, dies alles wieder genießen zu dürfen. In solchen Momenten, ich wiederhole mich, vergesse ich/vergessen wir, alles.

DANKE

Im Märzenbecherwald

Als wir am Abend noch einmal eine kurze Pippirunde gingen, hörten wir Schüsse. Wahrscheinlich wurde Wild geschossen. Ich wohne circa 400 m weg vom Wald und höre ab und zu Schüsse, auch wenn Entenjagd im Wiesengrund ist. Wenn Buffy so etwas hört, zieht sie sofort das Schwänzchen ein, dreht sich in die andere Richtung und will heim. Messina hob ihren Kopf und bellte. Ich beruhigte beide. Messina war schnell leise und ging weiter als wenn nichts gewesen wäre. Buffys Angst war nicht ganz weg, aber sie lief zumindest mit uns und zitterte nicht mehr. In diesem Moment half ihr Messina sehr. Ich konnte Buffy sogar noch ein paar mal den Ball werfen, bevor wir in die Wohnung gingen. Das freute mich sehr, denn Buffy braucht in solchen Momenten ein selbstbewusstes Tier neben sich und das war Messina für sie.

Unweit von meinem Heim gibt es einen Wald, in dem Märzenbecher wachsen. Da dieser Ort sehr schön ist, es schönes Wetter war und Sonntag wollten wir den Menschenmassen aus dem Weg gehen. So traf ich mich mit ein paar anderen Hundebesitzerinnen schon zeitig in der Früh. Am Parkplatz angekommen, ließen wir die Hunde aus dem Auto und als alle ihr Geschäft verrichtet hatten, nahmen wir sie an die Leine, wegen dem Wild. Messina durfte frei laufen, dann musste auch sie an die Leine, weil wir schon in den schmalen Weg zu den Märzenbechern abbogen.

Die Sonne warf schönes Licht, wir sahen Teppiche voll Märzenbecher und vereinzelt auch Seidelbast. Wir trafen ein bekanntes Pärchen mit Hund. Das Herrchen hatte ein kleines Quietscheteil im Mund und machte damit Geräusche, ich dachte zuerst, dass es ein Vogel sei. Doch als er dann in unserer Nähe war, sah ich, dass er die Geräusche machte. Messina ging zu ihm und machte „Männchen". Sie hob tatsächlich mit den Vorderpfötchen ab und war ganz interessiert. Danach waren wir alleine und konnten in Ruhe das schöne Fleckchen Erde genießen.

Wieder auf dem Hauptweg angekommen, trafen wir einen Mann mit seinem Golden Retriever Leo. Er ließ ihn von der Leine, wir unsere Hunde auch und alle spielten miteinander. Ein paar Minuten später trafen wir eine Frau mit einem klitzekleinen Hund Namens Ramses. Sie hatte ihn an der Leine, weil sie vor Angst zitterte, als sie den großen Leo sah. Der Mann nahm Leo wieder an die Leine, die Frau blieb stehen und wartete, dass wir verschwinden. Doch Messina ging zu ihr, schnupperte an ihr und Ramses. Die Frau fragte mich, in welche Richtung wir gehen, damit sie die andere Richtung laufen kann. Ich beruhigte sie, in dem ich ihr sagte, dass Messina blind sei und fragte sie, ob sie mit uns laufen wolle. Sie verneinte, weil sie dachte, große Hunde spielen gröber und ihrem Hündchen, das nicht einmal ein Kilogramm wiegt, passiert etwas. Ich erzählte ihr von Messina und sieben anderen, heftig spielenden Hunden und dass keiner Messina je angerempelt hatte oder ähnliches. Sie schien sprachlos zu sein und schloss sich uns tatsächlich an. Sie ließ den Kleinen sogar von der Leine und wir liefen entspannt und leise Richtung Parkplatz. Es war herrlich, die Blumen, die Sonne, der Wald, die Hunde und natürlich auch, dass die Fellnasen wieder gezeigt haben, wie es funktioniert, Menschen zusammenzuführen.

Am frühen Abend genossen Christa und ich eine Runde, bei der wir eine Bekanntschaft machten. Wir trafen einen Mann mit einer aus dem Tierschutz geretteten, rumänischen Hündin. So war ein rumänisches, hündisches Quartett zusammen und die Abendrunde nicht langweilig. Es wurde im Fluss geplanscht, die eine ließ die andere nicht mehr aus dem Wasser, mit dem Stöckchen gespielt, durch die Erde gefetzt, sich im Gras gewälzt, Mäuschen gejagt, aber nicht erwischt. Immer wieder großes Kino.

Danach war Messina sehr erschöpft, lag auf dem Teppich im Schlafzimmer und ab und zu ging ich zu ihr um sie zu knuddeln. Es war ein wunderschöner Frühlingstag und meine beiden schenken mir tagtäglich ihre Liebe.
DANKE

Ohrenspiel

Heute Morgen musste ich Messina nicht aufwecken, geschweige denn aus dem Bettchen werfen. Sie stand seit langem einmal wieder von selbst auf. Im Treppenhaus bellt sie auch nicht mehr so oft, vielleicht liegt das wirklich an meinem Nachbarn, der unter mir wohnt. Er war nun länger nicht mehr mit uns Gassi, so hat sie ihn vergessen, oder musste ihn nicht mehr „rufen". Auf dem Weg in den Garten traf ich eine meiner Nachbarinnen, Messina blieb stehen und bewegte ihre Ohren. Diesmal war es extrem. Das linke Ohr klappte sie nach hinten, Richtung Straße, das andere Ohr war „bei uns". Vor allem fiel es auch meiner Nachbarin auf. Messina wirkte in diesem Moment „wach". Ihr „Blick" ist viel öfter oben und ich denke, dass sie mehr von ihrem Umfeld wahrnimmt als noch vor ein paar Tagen.

Am Abend, als ich von meiner Arbeit heimkam, klopfte ich bei meinem Nachbarn, er wollte mal wieder mit uns Hundebesitzern den Abend genießen. Die Sonne war schon untergegangen, die Farben waren schön und es war windstill. Unterwegs wurden wir immer mehr Menschen und Hunde und es war herrlich. Die Tiere zeigten uns wieder aufs Neue, wie wir miteinander umzugehen haben. Es war eine lange Runde mit schnuppern und spielen, und als wir von dem großen Gitter vorbeikamen, nahm ich Messina an die Leine. Ich wollte wieder mit ihr üben, dass sie ohne Angst über das lange Gitter geht. Vor einiger Zeit hatten wir die Situation schon einmal. Ich ließ die Leine locker, lockte Messina nur mit meiner Stimme und sie lief nicht nur einmal über das Gitter, sondern dreimal. Unfassbar, sie hatte keine Angst mehr und wich auch nicht mehr aus. Sie hatte Vertrauen in mich, dass ihr nichts passieren wird, trotz ungewöhnlichem Untergrund.

Dann wurden Messina und Buffy allerdings sehr agil und zogen mich heim, sie hatten Hunger. Mein Begleiter musste schmunzeln, weil Messina das Tempo vorgab und schnurstracks, absolut fit, nach Hause lief.

Heute war kein allzu aufregender Tag, es ist nicht allzu viel passiert. Und doch ist für mich so einiges geschehen. Ich durfte wieder beobachten und staunen.

DANKE

Immer mehr Fans

Gestern erzählte ich Euch, dass Messina vor meines Nachbarn Türe nicht mehr gebellt hat, weil er schon einige Zeit nicht mehr beim Gassi gehen dabei war. Dann erzählte ich, dass er den Abendspaziergang mit uns machte. Was machte Messina heute früh ... Genau... sie blieb ein paar Stufen vor seiner Wohnungstüre stehen und bellte. Nun bin ich mir sicher, dass sie ihn ruft.

Meine Nachbarin wohnt im Erdgeschoss, Hochparterre mit Balkon und Stufen. Sie lud mich zum Kaffee ein. Buffy geht immer zu ihr nach oben wenn ich es ihr sage, denn sie bekommt dann immer eine Kleinigkeit. Messina war im Garten und ich stand auf dem Balkon. Für sie war das neu, denn plötzlich war meine Stimme weiter über ihr. Sie war etwas durcheinander. Ich warf ihr immer wieder Leckerli nach unten, die sie dann suchen musste und auch fand. Eigentlich ist ihre Nase gar nicht so gut wie ich dachte. Buffy ist im Suchen sehr viel besser. Das Wort kennt Messina mittlerweile, doch bis sie das Leckerli fand, dauerte es ziemlich lange. Das kleine Gartentürchen war geschlossen und ich beobachtete sie, wie sie vor dem Zaun stand und es tat sich ihrer Nase kein Durchgang auf. Sie stand und bewegte sich nicht. In solchen Momenten tut sie mir wieder unendlich leid. Ich rief sie und sie machte sich auf die Suche nach dem anderen Eingang, den sie dann doch schnell fand.

Am Abend war der Himmel wunderschön. Wir trafen eine Gruppe Menschen mit ihren Hunden. Sieben Hunde und etwas mehr Menschen. Das Frauchen eines „Leinenhundes" hatte Mut und ließ ihre Fellnase frei. Alles war entspannt und friedlich. Wir Menschen standen inmitten der Natur und sahen unseren Hunden zu. Wir waren im Hier und Jetzt, für einen Moment ohne Sorgen.

Dann lernte ich Tobi und seine Hündin kennen. Wir hatten denselben Heimweg, so gingen wir gemeinsam das letzte Stück des Weges. Er fragte mich einiges über Messina, was ich schon öfter hörte:

Anstrengend, zeitaufwendig usw. Doch alles musste ich verneinen.

Manchmal stimmt das Zeitaufwendige, zum Beispiel, wenn Messina etwas in der Nase hat und wie ein junger Hund in den Wald flitzt um dem guten Geruch auf den Grund zu gehen. Es war schon einmal eine Situation, in der ich sehr schnell meiner blinden Hündin folgen musste. Sie trabte mit einem schnellen Tempo in den Wald, über Äste und stoppte auch nicht, als ich sie rief. Dann erreichte ich sie, nahm sie an die Leine und ging zurück zu den beiden Menschen, die dabei waren. Das war für die beiden natürlich ein Spaß, wie ich, über ein brachliegendes Feld, meiner Hündin nachlaufe, sie an die Leine nehme, um dann im Zeitlupentempo zurück zum Weg zu gehen.

Messina wollte noch spielen, machte ihr Mäulchen auf, um mich mit den Zähnchen zu liebkosen, stupste mich an, um sich dann vor mir fallen zu lassen. Gut, einen kurzen Moment Bäuchlein streicheln, dann wollten wir aber alle nach Hause.

Messinas Fressenzeit war schon wieder lange überschritten, so trabte sie in einem schnellen Tempo vor mir her. Ich bin mir sicher, sie kennt die Uhr, und sie wurde bestimmt in Rumänien immer zur selben Uhrzeit gefüttert. Einmalig und wie Christa auch zu Tobi sagte, es passiert jeden Tag etwas Neues, was uns staunen lässt.

DANKE

Meine Freundin

Heute war Messina sehr übermütig. Sie tänzelte, sprang umher, machte ihr Mäulchen auf und nahm meine Finger. Ich ging auf das Spiel ein, sie ließ sich fallen und strampelte mit den Pfötchen. Unfassbar wie mich dieses Wesen zu lieben scheint. So unglaublich schön. Da ich mein Auto umparken musste, nahm ich sie an die Leine und setzte mich in das Auto, die Türe war noch offen. Messina stand daneben, schaute zu mir und bellte. Vielleicht kam sie sich in diesem Moment verlassen vor, denn als ich mit ihr redete und sie streichelte, setzte sie sich vor mich hin und schmiegte ihren Kopf in meine Hände. Und wieder war ich überwältigt.

Am Abend drehten wir unsere Runde und wieder hörten wir einen Schuss. Buffy hatte Angst, Messina hob den Kopf, bellte kurz und sofort war Buffy entspannter. Messina war noch an der Leine, als uns ein Hund entgegenkam. Buffy bellte ihn kurz an, wie sie es immer macht, dann kam der Rüde näher zu Messina. Wir ließen zu, dass sich die beiden beschnuppern, doch dann knurrte ihn Messina ziemlich aggressiv an. Der Rüde wich nach hinten aus, Messina sah das aber nicht und knurrte weiter. Zuerst dachte ich, dass sich Messina vielleicht an etwas nicht so Schönes erinnert. Doch dann kam ich zu der Erkenntnis, dass Messina das weiterführte, was Buffy begonnen hatte. Streiten, Zusammenhalt, Verteidigung?! Vielleicht war es so.

Nach der Runde schliefen die beiden und ich hörte ab und zu wohlige Geräusche, die Messina von sich gab. Seit einiger Zeit höre ich immer mehr von ihr. Ihr Atem wird tiefer, sie streckt sich während dem Schlafen, sie brummt wohlig. Ich freue mich, dass ich ihr Leben schön machen darf und sie die Zeit, die sie hinter sich hat, vielleicht vergessen lässt. Schön, dass ich sie habe, schön dass mir auch Buffy in ihrer Liebe treu bleibt.

DANKE

Ins Wasser gefallen

Es war wieder wunderbares Wetter und mein Tag fing mit einem Lächeln an. Messinas Wolfskralle musste gekürzt werden, so bat ich Christa das zu tun. Als wir uns zum Gassi gehen trafen, hoben wir Messina auf die dort stehende Bank und Christa schnitt an Messinas Hinterpfötchen die Wolfskrallen kürzer. Das mochte sie allerdings gar nicht. Doch Christa ist geübt in dem was sie tut und schnell war alles gekürzt.

Dann trafen wir eine ältere Frau mit ihrem kleinen Rüden, und die vier Hunde bescherten uns lustige Momente. Vor allem Messina. Unglaublich, wie sie geflirtet hat. Sie animierte diesen kleinen weißen Rüden, indem sie die typische hündische Aufforderung machte, er durfte sie umarmen und an den Ohren knabbern. Als es ihr zu viel wurde, drehte sie ab, doch er lief ihr nach. Sie kam wieder zu uns, sie spielten weiter. Sie knurrte, zeigte ihm damit, dass es ihr zu viel wurde, doch nach ein paar Sekunden ging das Spiel weiter. Immer wieder meine Worte: Ganz großes Kino.

Wieder daheim war sie natürlich total müde, aber erst gab es Frühstück. Mittags verabredeten wir uns mit Tina und Hündin Ella. Tina erinnerte mich wieder an den Rattenfänger von Hameln, sie verteilte Leckerli an die Hunde, die sich alle um sie versammelt hatten. Normalerweise darf das bei meinen Hündinnen niemand machen, doch Tina ist eine Ausnahme. Sie kann es.

Wir liefen am Fluss Rednitz entlang und die Hunde genossen es. An zwei bestimmten Stellen musste ich aufpassen, denn dort gibt es große Biberlöcher. Ein paar Mal animierte ich Messina in das Wasser zu gehen, doch sie hatte daran kein Interesse. Auf dem Rückweg zum Auto gingen wir zu einer Stelle, an der das Wasser sehr seicht war, doch nah am Ufer etwas tiefer. Messina kam näher, und bis ich mich versah, stand Messina am Ufer, schnupperte, machte einen Schritt nach vorne und fiel ins Wasser. Alles schnell und doch in Zeitlupentempo. Sie sank sogar mit dem Köpfchen ein, kam wieder hoch und versuchte, aus dem Wasser zu kommen. Ich half ihr dabei, doch sie hätte es auch alleine geschafft. Dann lief sie schnell über die Wiese zu Tina und holte sich Leckerli ab. Vorher aber schüttelte sie sich heftig. Dieser Vorfall bekam von uns Menschen keine Aufmerksamkeit, die Leckerli bekam sie vorher und nachher, sodass das kühle Nass für sie nichts Schlimmes war. Putzig sah sie aus mit ihrem nassen Fell und dem nassen Köpfchen. Ich beobachtete sie, doch sie war genauso gut drauf wie vorher und der Sturz war für sie nicht schlimm. Als ich sie noch einmal lockte, dorthin zu gehen, wusste sie, was ich von ihr wollte und zeigte mir ihre Entscheidung. Nein, sie wollte dort nicht mehr hin. Alles gut, ich akzeptierte es. Wenn sie freiwillig in das Wasser will, gerne, ansonsten auch gut.

Da das Wetter traumhaft war und ich ein Cabrio fahre, setzte ich die Hündinnen auf den Rücksitz und öffnete das Dach. Für Messina Premiere, doch ohne nennenswerte Reaktion.

Allerdings schloss ich das Dach bevor ich los fuhr, denn ich hatte Bedenken, dass Messina während der Fahrt nach oben kommt. Beim nächsten Cabriofahren, bekommt sie zuerst ihr Geschirr angezogen und wird gesichert.

Während der kurzen Heimfahrt schlief sie, kaputt durch diese aufregende und nasse Gassirunde. Als sie aus dem Auto stieg und zur Haustüre flitzen wollte, musste ich sie aufhalten und abtrocknen. Das gefiel ihr gar nicht, doch als Belohnung bekamen beide ihre geliebte getrocknete Kopfhaut.

So wunderbar, meine alte Schwarze, einmalig in ihrem Sein.

Sie wird auch von Tag zu Tag verschmuster, fordert ihre Liebkosungen und ist Buffy gegenüber auch ganz anders. Ich gebe die Hoffnung nicht auf, dass Buffy durch meine Stimme und durch mein Lob immer mehr entspannt. Dass sie Messina hört und weiß, dass die Geräusche nicht mehr gegen sie gerichtet sind. Es wird ganz sicher gut werden. Nicht nur Akzeptanz, sondern Freundschaft.

DANKE

Persönliche Nachricht:
„Mir haben deine Zeilen heute besonders gut gefallen. Sie vertreiben dunkle Gedanken und erfreuen mein Herz, Danke dafür."

Wunder für mich, Vertrauen von Messina

Die heutige Abendrunde war sehr schön, es wehte kein Wind und die Farben der Sonne waren wieder herrlich. Wir liefen eine schöne lange Runde und kamen wieder an dem großen Gitter, das in den Boden eingelassen ist, vorbei. Ich legte Messina keine Leine an, denn ich wusste, dass sie heute über das Gitter laufen würde. Und das tat sie auch. Für mich war das nicht selbstverständlich, sondern wirklich ein Wunder. All die Wochen, die ich Messina jetzt habe, wurde sie Schritt für Schritt selbstbewusster, leichter in ihren Bewegungen, fröhlicher. Buffy entspannt auch immer mehr wenn Messina laut ist, ihre Ängstlichkeit wird weniger. Messina gehört zu uns, es fühlt sich an, als wäre es nie anders gewesen.

DANKE

Balkongenuss

Diesen Vormittag war Messina unruhig und lief in der Wohnung auf und ab. Sie kam der Balkontüre immer näher, schnupperte vor der Türe und schließlich ging sie nach draußen und beschnupperte den kompletten Balkon. Buffy wich ihr aus, fletschte, wenn Messina in ihre Nähe kam, etwas die Zähnchen, doch ich redete ihr gut zu. Ich setzte mich raus und Messina setzte sich neben mich, schnupperte, legte sich hin, schnupperte wieder. Sie war nicht aufgeregt, aber nervös. Die Sonne war herrlich, sodass sich Messina tatsächlich etwas in die Sonne legte. Dann ging sie wieder kurz ins Wohnzimmer und Buffy kam nach draußen. Als Messina wieder zu uns kam und kurz vor Buffy stand, brummte Buffy leise. Ich streichelte sie, redete ihr gut zu, Messina war nur einen Fingerbreit von Buffy weg. Ich war aufgeregt, lobte Buffy und alles ging gut. Dann lagen beide draußen. Mes-

sina nur kurz, aber entspannt. Als sie etwas später den Balkon verließ, legte sie sich ins Wohnzimmer auf das runde schwarze Kuschelbett und blieb dort tatsächlich ziemlich lange. Mich freute dies sehr.
DANKE

Vorher/Nachher

Die letzte Zeit habe ich Messina sehr viel beobachtet, vor allem als sie schlief. Diese blinde Hündin ist nicht mehr zu vergleichen mit dem Lebewesen, das vor ein paar Monaten zu mir kam. Immer wieder putzte sie sich, um sich dann wieder lang auf ihrem Bettchen auszustrecken. Ich hörte leise Geräusche von ihrem Atem oder vielleicht auch ihren Träumen. Vorher nur zusammengerollt und keine Geräusche wahrnehmbar, nun rekelt sie sich und streckt sich, wenn sie aufsteht. Wenn sie sich ablegt, dann seufzt sie, heute kraulte sie sich das Ohr. Vor ein paar Tagen noch: kein Geräusch, keine Bewegung. Hingelegt und geschlafen. Es machte den Eindruck als hätte sie sich ergeben, jetzt beginnt das Leben! Als es Futter gab, war sie immer sehr aufgeregt, nun sitzt sie geduldig und wartet. Die Ungeduld ist weniger geworden. Vorher bettelte sie immer wieder, forderte und bellte.

Wenn sie hört, dass ich mich ankleide um zu gehen, steht sie oft auf und kommt in den Flur. Sie will manchmal mit. Vorher musste ich sie oft aus dem Bettchen heben und oft rufen. Nun höre ich ihre Ohren wenn sie sich schüttelt, das hat sie bis jetzt nie gemacht.

All diese hündischen Bewegungen sind Geschenke an mich. Ich sehe sie, nehme sie auf, genieße sie.

Als wir heute Morgen Gassi gingen, trafen wir eine Hundebesitzerin, deren Hündin sehr dominant ist. Heute war sie sehr brav und umgänglich, wahrscheinlich wegen Messina. Wir waren über eine Stunde im Nieselregen spazieren, Messina störte es im Gegensatz zu Buffy nicht. Doch als ich daheim ihre Pfötchen säubern wollte, gefiel ihr das gar nicht. Ihr Fell trocknete sehr schnell und die Wohnung roch nicht nach nassem Hund. Im Treppenhaus war sie lustig und übermütig und Buffy bekam sogar einen Nasenstupser. Wenn ich in solchen Situationen Buffy gut zurede, fühlt sie sich zwar nicht wohl, aber sie akzeptiert es. Die ersten Wochen waren schwer für mein zartes Seelchen. Doch Messina ist das auch. All ihre Veränderungen erfreuen mich und ich bin dankbar, dass ich ihr ein schöneres Leben bereiten darf. Ich glaube, dass sie nicht nur für mich, sondern auch für Buffy eine Bereicherung ist.

DANKE

Liebevolle Fingerbeißer

Messina musste ich nun ein paarmal nicht mehr wecken. Als sie merkte, dass ich mich ankleidete, stand sie langsam auf, streckte und rekelte sich ausgiebig. Buffy wartete meist schon im Flur und dann gingen beide, Seite an Seite zur Wohnungstüre. Messina hüpfte die Treppe schon mal vor, Buffy wartete auf mich. Sie konnten es kaum erwarten, dass die Haustüre aufgeht. Ich musste schmunzeln, denn ich sehe Messina so gerne zu, wenn sie sich bewegt. Seit Wochen sehe ich es, doch sie ist so schön, dass ich meinen Blick nicht von ihr nehmen kann.

Später gab es daheim Hundesnacks, diese mussten sich beide erarbeiten und suchen. Messina tat sich schwer, sie musste erst einmal das Wort „such" mit dem Ton verbinden und ich weiß nicht, ob sie dies jemals schon getan hat. Aber ich werde dem nicht müde und übe immer wieder.

Am Abend trafen wir Alex, den Besitzer von Rüden Pino. Wir liefen gemeinsam ein Stück des Weges und Alex war wieder aufs Neue begeistert von Messina. Wie sie läuft, hört, schnuppert und spielt. Und Messina war von ihm begeistert und konnte ihr Schnäuzelchen nicht von ihm lassen. Sie nahm seine Finger in ihr Mäulchen, dies tut sie auch immer wieder mit mir. Das gefiel Alex, denn mittlerweile mag er meine beiden sehr.

Als ich Messina heute wieder beobachtete und sie rief, kam sie sofort zu mir gelaufen. Sie kam schnurstracks auf mich zu, doch als sie etwas roch, bog sie ruckartig ab. Als sie fertig war mit schnuppern, machte sie einen kleinen Hüpfer und lief in meine Richtung. Es sah so lustig aus.

Am Abend blieb sie tatsächlich wieder bei mir im Zimmer, in dem großen, runden, schwarzen Hundebett. Es ist sehr schön wenn alle zusammen sind. Meine Miezen liegen sowieso bei mir und Buffy, seit Messina da ist, meistens zu meinen Füßen. Und nun sind wir komplett.

DANKE

Auf Buffy gewartet

Ein endloser Regentag liegt hinter uns. Messina hat es nicht gestört, doch Buffy hasst dieses Wetter und somit richtete ich mich nach ihr. Am Morgen war der Umgang mit der Leine nicht einfach: Messina zog nach vorne, Buffy wollte heim. Schwirig, beiden gerecht zu werden, doch Buffy war die Verliererin. Ein Stück laufen musste sein. Umso schneller war dann der Heimweg und das Frühfutter schmeckte super. Messina hat nun ihren eigenen Kopf, das freut mich, auch wenn es ungewohnt ist. Sie setzt ihr ganzes Körpergewicht ein, wenn sie Gras fressen will, Pfötchen abtrocknen mag sie gar nicht, aber ich liebe diese Reaktionen. Denn es zeigt mir, dass sie lebt und sich nicht allem fügt. Man merkt ihr an, wenn sie etwas nicht mag, und wenn sie fröhlich ist, auch. Es ist wunderschön, Tag für Tag ihre Fröhlichkeit zu beobachten und sich darauf einzulassen. Da wird sogar ein Regenspaziergang schön.

Als ich in die Arbeit fuhr, nahm ich Buffy mit. Messina schlief und wir verließen leise die Wohnung. Nach der Arbeit ließ ich Buffy im Garten, dann ging ich hoch in die Wohnung um Messina zu holen. Messina stand sofort auf und ging in das Treppenhaus. Sie lief sehr langsam, ich war vor ihr und beobachtete sie. Am Treppenabsatz blieb sie stehen, hob das Köpfchen als wenn sie etwas schnuppern würde. Sie kam nicht, sondern wartete. Bis mir einfiel, dass es noch nicht der Fall war, dass sie ohne Buffy unterwegs war. So eine schöne Reaktion, sie zeigte mir so viel Liebe. Ich ließ beide im Garten bisschen schnuppern, dann rief ich zuerst Buffy, dann Messina.

Buffys Kommando ist (wenn wir zu unserer Nachbarin wollen): „Buffy lauf zu Christa". Buffy stürmte an mir vorbei und Messina galoppierte ihr nach. Ich stand hinten in der Hofeinfahrt und beide liefen im gestreckten Galopp nach vorne, bogen am Ende der Mauer links ab und blieben zwei Gartentürchen weiter stehen und warteten. Ich war sprachlos, voller Glück, ich konnte es kaum fassen.

Ein nicht allzu abwechslungsreicher Tag ging zu Ende und doch war er gefüllt mit Freude, Lachen und einer neuen Reaktion von Messina.

DANKE

Ein Wintertag im Frühling

Der nächste Morgen brachte heftigen Schneefall und kalten Wind. Wir trafen uns mit Christa und Lea und fuhren zum Kirchweihplatz. Uns kamen zwei Menschen mit ihren Hunden entgegen. Eine Frau mit Hündin und Spielzeug. Sie warf dieses, obwohl sie meine „neue" Hündin nicht kannte. Messina ging zu der Hündin und plötzlich gingen beide aufeinander los. Messina wieder ihre lauten Geräusche, doch diesmal anders, denn die andere Hündin stand über Messina und attackierte sie. Ein lauter Schrei von uns zwei Frauen und die Hündin ließ von Messina ab. Messina drehte sich um und lief weg. Gott sei Dank nur um uns herum. Die Frau entschuldigte sich und sagte, dass ich nachsehen soll, ob Messina verletzt sei, doch ich sah es ihr an, dass alles gut war. Auf die Idee, dass es an dem Spielzeug lag, kam die Dame leider nicht. Ich kann die Menschen nicht verstehen. Es müsste doch klar sein, dass ich, wenn ich einen fremden Hund sehe, weder mit Leckerli noch mit Spielzeug agiere. Nach dem Vorfall hatten wir Gott sei Dank unsere Ruhe, herrliche Atmosphäre und viel Schnee. Wir hatten sehr viel Spaß beim Anblick unserer Hündinnen. Messina war schön anzusehen. Schwarzes Fell mit zarten Schneeflocken bedeckt. Über die Brücke lief sie heute wesentlicher besser. Ich nahm sie an die Leine, musste sie aber nicht leiten. Ich ließ die Leine locker und sie ging mittig und sicher. Wir gingen nicht am Bach entlang, sondern den herrlichen Weg durch den Wald. Unglaublich schön diese Stimmung. Es war ein wunderbarer Winterspaziergang mitten im Frühling.

Ich habe heute wieder viel gelacht, gestaunt und mich gefreut, dies alles, mit Mensch und Tier erleben zu dürfen.
DANKE

Kopfbewegungen

Als ich am Abend Messina zum Gassigehen rief, stand sie wieder sofort auf. Vielleicht gefällt ihr die Luft jetzt im Frühling besser oder sie hat tatsächlich Vorfreude auf die Gassirunden. Christa und Lea warteten am Bahnhof auf uns und nach ein paar Metern sahen wir, dass Alex mit Freundin und Rüden Pino hinter uns waren. Und nicht nur wir sahen sie. Messina auch, denn sie drehte sich um und lief zu den beiden zurück. Wir trauten unseren Augen nicht, denn die drei waren an die 25 Meter weg von uns. Ruck zuck war Messina bei ihnen, setzte sich vor sie hin und wurde fest gekrault. Dann erhob sie sich und kam wieder zu mir. Sie ist wirklich ein Schatz und besitzt unendlich viel Charme.

Was mir heute auffiel war, dass Messina nicht nur die Ohren bewegt, sondern auch ihren Kopf. Vor kurzem war der gesamte Körper eine Linie, dann kam das Ohrenspiel dazu und nun auch der Kopf. Als wenn sie sehen könnte. Sie stoppte und drehte den Kopf in Buffys Richtung.

Seit drei Monaten ist Messina nun bei mir. Tagtäglich fotografiere ich sie, schreibe auf, lass den Tag Revue passieren. Manch kleiner Zweifel ist verschwunden, Zweifel an der Richtigkeit Buffy gegenüber. Ich liebe diese beiden unendlich. Die große Liebe, beiden gegenüber, dass sie wunderbar sind, genau so wie sie sind – mit ihrem Charme, ihrer Angst, manchmal Zickigkeit, Verträglichkeit und Individualität.

DANKE

Drei neue Fans

Bei unserer Morgenrunde trafen wir eine Bekannte mit ihrem Kind und ihrer reinrassigen Hündin. Sie kannte Messina nur von einmal sehen und heute gingen wir ein kleines Stück zusammen. Sie beobachtete Messina und war, wie alle anderen Menschen, erstaunt, wie sich Messina bewegt. Messina schnupperte und entfernte sich von uns, doch als ich sie rief, kam sie kerzengerade zu mir und setzte sich vor mich hin. Das macht immer Eindruck und mich liebevoll stolz. Die Bekannte war erstaunt, somit hatten wir wieder einen Fan von Messina und vielleicht auch ein bisschen das Umdenken angeregt, was Zuchthunde anbetrifft. Gewaltsam die Hündinnen decken lassen, Welpen bekommen, verkaufen und so weiter. Nein. Für mich ein absolutes no go. Es gibt so viele alte, einsame Seelen, die sich eine Familie wünschen. Später trafen wir eine andere Hundebesitzerin und auch sie war fasziniert, wie Messina sich bewegt. Und nicht nur auf der Wiese, auch über die Wurzeln, am Ufer und über die Brücke. Messina bringt die Menschen immer wieder zum Staunen und ich freue mich, dass sie all das gelernt hat. Die Runde war sehr schön, der Schnee schmolz und fiel von den Bäumen in sanften Schneewehen auf uns herab. Auf der Wiese war er schwer und nass und die Hündinnen genossen in vollen Zügen. Sie wälzten sich, tobten, es wurde Stöckchen gespielt und einfach nur die Sonne genossen.

Ein schöner sonniger, aber eiskalter Tag, doch die Vierbeiner haben ihn uns erwärmt.
DANKE

Unruhe

Und wieder waren Handwerker bei mir, diesmal war es ein Maler. Das Schlafzimmer wurde neu gestrichen, somit musste alles aus dem Raum, auch das Hundebett. Ich stellte es in das Wohnzimmer und das Schlafzimmer wurde geschlossen. Messina gefiel das gar nicht. Sie wanderte ständig in der restlichen Wohnung auf und ab, schnupperte an der Schlafzimmertüre und bellte. Und wieder tat sie mir sehr leid. Für Messina war es sicher total schwer, das einzuordnen. Die Türe zu ihrem Lieblingszimmer und Rückzugsort war geschlossen. Sie legte sich dann zwar ins Wohnzimmer auf ihr Bettchen, doch sie kam nicht so zur Ruhe, wie auf ihrem gewohnten Platz. Bei jedem Geräusch brummte sie und war wach. Endlich schlief sie ein, doch ich merkte, dass es kein tiefer Schlaf war.

Als wir am Abend die Wohnung verließen, kam ich den beiden kaum hinterher. Sie stürmten fluchtartig aus der Wohnung und freuten sich auf den Spaziergang. Wir warfen lange Schatten, die Luft war herrlich, die Wolken auch. Wir trafen eine Familie mit Kind und Hund. Das Kind streichelte Messina sehr ausgiebig und hingebungsvoll. Als der Rüde und Messina aufeinandertrafen, gab es eine Streiterei zwischen den beiden. Diesmal hörte Messina nicht auf. Ich war etwas schockiert und als wir den Leuten Messinas Geschichte erzählten, meinten sie, dass sie nun ihr Rudel verteidigt. Auf den Gedanken kam ich nicht. Und es könnte tatsächlich sein, denn ihr Verhalten wird immer selbstbewusster, sie markiert sehr oft und ist nun hier zu Hause. Das freut mich natürlich, doch wenn wir wieder auf andere Hunde treffen, muss ich wachsamer sein und im Vorfeld schon versuchen, die Situation zu entschärfen.

Sie ist eine wunderbare Hündin, sie darf Buffy immer näher kommen, steckt mich mit ihrer Lebensfreude an und sie ist aus meinem Leben nicht mehr wegzudenken. Nichts mehr von ihr möchte ich missen. Ich höre sie mittlerweile atmen, manchmal zart schnarchen. Sie zeigt mehr Regung als noch vor einiger Zeit. Sie gehört zu mir, zu Buffy und zu den Menschen, mit denen ich regelmäßig Gassi gehe. Und das ist wunderbar.

DANKE

Sturer Hund

Messina wird stur. Wenn sie sich einbildet in eine bestimmte Richtung laufen zu wollen, muss ich mein ganzes Körpergewicht einsetzen. Deswegen muss ich beiden gerecht werden: Einmal darf Buffy schnuppern und dahin laufen wo sie will, dann Messina. Und doch liebe ich es wenn Messina stur und eigenwillig ist. Denn sie zeigt mir nun immer mehr, dass sie Charakter hat. Sie hat Vergangenheit, die ich nicht nachvollziehen kann und am Anfang, als ich sie bekam dachte ich, dass sie „einfach nur ist". Doch nun zeigt sie immer mehr ihre Liebe zu mir und Buffy, ihre Eigenwilligkeit, das Interesse an der Natur und an ihrem Umfeld. Wenn ich aufhöre sie zu streicheln, dann bettelt sie manchmal mit ihrer Pfote, dass ich weitermachen soll.

Am Abend waren wir mit einigen Menschen unterwegs. Allerdings war das Wetter sehr anstrengend, nicht nur, dass wir heftigsten Sturm hatten, der uns teilweise am Weitergehen hinderte, kam auf dem Heimweg noch Regen dazu. Messina lief heute, trotz dem Sturm, viel sicherer als noch vor ein paar Wochen. Ich berichtete, dass sie sehr wankte, weil sie sich nicht orientieren konnte. Heute merkte ich, dass es ihr kaum etwas ausmachte. Mittlerweile kennt sie den Weg, trotzdem rief ich sie öfter, damit sie mehr Sicherheit hatte. Unterwegs trafen wir zwei Hokkaido Hunde mit Herrchen. Ich hatte Bedenken, dass Messina wieder so heftig reagiert. Ich entzerrte die Situation, indem ich mich etwas absonderte, damit unsere vier Hündinnen nicht alle zusammen sind. Ich war sehr erleichtert, denn alles blieb entspannt.

DANKE

Erster Gartenmarkt

In unserer Nähe fand am Wochenende ein Gartenmarkt statt. Ich beschloss, nach längerem Überlegen, beide Hündinnen mitzunehmen. Hunde sind auf dem Gelände erlaubt, so fuhren wir, meine Schwester und meine Schwägerin dort hin. Eine Herausforderung, denn mein Auto ist sehr klein. Meine Schwester saß mit Buffy auf dem Rücksitz, meine Schwägerin Kathrin auf dem Beifahrersitz. Messina wurde in den Fußraum gepackt, doch dort hielt sie es nicht lange aus. Sie wollte auf Kathrins Schoß und das durfte sie auch. Bis zu dem Markt war die Fahrt nicht allzu lange, deswegen durfte Messina in dieser Position bleiben.

Am Markt angekommen waren schon viele Leute anwesend, doch man konnte sich gut bewegen. Für Buffy nach wie vor Stress, doch Messina gab ihr Halt und Sicherheit. Denn Messina bewegte sich selbstsicher, zog mich mal weniger, mal mehr, wenn zum Beispiel ein Essensstand in der Nähe war. Ich benötigte schon ganz schön viel Kraft, sie bei mir zu halten. Doch ich hatte ja Unterstützung dabei und wir wechselten uns ab. Wir blieben oft stehen und die beiden Hündinnen legten sich auch tatsächlich immer wieder gemütlich ab. An einem Marktstand verweilten wir etwas länger und ich legte die Leinen auf den Boden, denn beide lagen zusammen.

Ich ließ beide kurz aus den Augen, plötzlich lag nur noch ein Hund da, nämlich Buffy, Messina war weg. Doch weit konnte sie nicht sein, es waren ja nur Sekunden. Erst in die eine Richtung geschaut, kein schwarzer Hund, dann in die andere Richtung. Sie war zwei Marktstände weiter, nicht zu übersehen mit ihrem neonfarbenen Dreieckstuch, das ich ihr im Vorfeld Gott sei Dank anlegte. Unglaublich wie selbstbewusst und angstfrei. Ein Marktverkäufer war ganz angetan von ihr, kniete sich zu ihr und liebkoste sie. Messina erwärmte viele Herzen, auf eine ganz besondere Art. Es ist immer wieder wunderschön, wie die beiden mein Leben bereichern. Wir waren sehr lang auf dem Markt, doch die letzte halbe Stunde merkte ich, dass Messina sehr unruhig wurde. Sie zog orientierungslos an der Leine und wir wussten, dass es Zeit wurde um nach Hause zu fahren. Buffy war auch froh, sie sprang sofort auf ihren Platz im Auto, Messina wieder im Fußraum bei Kathrin. Doch lange blieb sie dort nicht. Sie kletterte auf Kathrins Schoß, legte sich quer über ihre Beine und schlief, mit ihrem Köpfchen in Kathrins Armbeuge, sofort ein. Buffy saß hinten neben Micha und schlief im Sitzen. Es war ein Bild für Götter. Wunderschön.

Als wir daheim waren, schliefen die beiden aber nicht mehr, ich denke sie waren zu aufgedreht. So bekamen sie eine Belohnung, die sie gerne verschlangen. Dann ließen wir beide alleine, damit sie zur Ruhe kommen konnten. Erst am späten Abend, als mein Besuch wieder weg war, ging ich mit beiden noch eine Runde, damit sie sich erleichtern konnten.

Es war ein wunderschöner Tag, der mir wieder einmal viel gezeigt und mir bewusst gemacht hat, wie Messina Buffy hilft. Egal ob es daheim die Angst vor dem Staubsauger ist, die besser geworden ist, seit ich um Messina herum sauge, oder jetzt auf dem Markt. Messina gibt Buffy das Gefühl, dass alles nicht so schlimm ist. Sie hat heute überhaupt nicht gezittert, weil Messina ihr Sicherheit gab. Es war eine tolle Erfahrung, die beiden Fellnasen so zu erleben.

DANKE

Fellwechsel

Nach meiner heutigen Arbeit ging ich mit beiden in den Garten. Da im Moment Messinas Fell nicht besonders schön ist, nahm ich die Bürste mit nach unten um sie zu bürsten. Zuerst aber musste sie sich im Gras wälzen, deswegen bürstete ich zuerst Buffy. Messina brummte, knurrte und genoss die Sonne, Buffy die Bürste.

Messinas Fell war die letzten Tage sehr schuppig und an manchen Stellen konnte ich regelrechte Haarbüschel herauszupfen. Als ich das Bürsten begann, genoss sie es und regte sich nicht. Sie hielt absolut ruhig und genoss. So viel Unterfell, ich traute meinen Augen nicht. Gott sei Dank gefiel es ihr, dann ist es auch nicht anstrengend, sondern macht obendrein noch Spaß. Sie verlor bis vor ein paar Wochen kaum ein Haar und nun das. Es war unglaublich, was ich mit der Bürste aus ihrem Fell kämmte. Am Abend legte sich Messina zu uns in das Wohnzimmer. Dort blieb sie den ganzen Abend und es war wunderschön, beide Hündinnen und meine Miezen um mich zu haben.

DANKE

Abschied von Fellnase Sky

Meine Freundin Christa musste sich auf den Abschied von Sky vorbereiten. Ich wollte ihr dabei behilflich sein und fuhr am Abend zu ihr. Ihr Nachbar ist Tierarzt, dieser war schon anwesend. Christa holte Sky aus der Wohnung und er kam langsam auf uns zu. Kurz bevor er bei mir und Christas Hündin Lea war, legte er sich in das Gras. So beschlossen wir, ihn dort liegen zu lassen. Was dann geschah, das beschreibe ich nicht. Sky war auf den Tag 16 Jahre alt und für einen reinrassigen Husky ein stolzes Alter. Für mich war das Dabeisein sehr wichtig. Ich bin der absoluten Überzeugung, dass Sky, da wo er jetzt ist, seinen Kumpel Thysson trifft. Sie lebten 14 Jahre zusammen. Und wenn Buffy oder Messina einmal gehen müssen, dann wird Sky sie abholen. Trotzdem habe ich Angst, was Buffy anbetrifft, dass sie alleine ist, wenn sie stirbt. Sie ist eine sehr ängstliche Hündin, eine sanfte Seele, zittert wenn sie Angst hat und lehnt sich an mich. Ich hoffe, dass sie abgeholt und ihr die Angst genommen wird, wenn ich dann nicht mehr bei ihr sein kann. Was Messina anbetrifft hab ich natürlich auch Verlustängste. Sie hat jetzt ein schönes Leben, hat es verdient noch viel Schönes zu erleben.

Bei diesem Abschied dabei zu sein, war sehr traurig. Ich lernte Christa durch Sky kennen und wäre er mit seinen damaligen Macken nicht gewesen, wären Christa und ich nie ins Gespräch gekommen. Dann all die schönen Spaziergänge, sein tänzelnder Gang und sein Mäulchen, das immer an meinen Fingern knabberte. Das tut Messina auch und alleine deswegen wird er unvergesslich bleiben.

Das Erlebte lässt mich meine beiden noch mehr schätzen und dankbar sein, dass ich sie habe. Denn nicht nur ich mache ihnen das Leben schön, sondern sie das Meinige viel viel mehr.

DANKE

Schwere Gedanken

Am nächsten Morgen holte ich Christa und Lea ab und wir liefen eine kleine Morgenrunde. Sky lag schön eingebettet in meinem Kofferraum, wir hatten keine Möglichkeit in zu beerdigen. So brachten wir Sky in die Tierarztpraxis. Während Christa die Formalitäten erledigte, ließ ich meine beiden aus dem Auto. Da gab es natürlich total viel zu schnuppern bei all dem Getier, das dort ein und aus geht. Die Sonne schien und das war gut, so wurde unser Gemüt wenigstens ein bisschen erhellt. Denn vor dieser Situation stehe ich auch irgendwann einmal und muss entscheiden. Ich hoffe natürlich, dass bis dahin noch viel Zeit vergeht, aber die Gedanken an diesen Moment belasten mich zurzeit.

Buffy ist über 10 Jahre alt, sie ist meine Seele, mein zartes Seelchen und mich mit diesem Gedanken zu beschäftigen, schmerzt ungemein. Messina ist auch alt, doch ich muss meine schweren Gedanken immer wieder in eine andere Richtung lenken. Den Moment genießen und dankbar sein, dass ich meine Fellnasen habe. Jeder Tag mit meinen beiden ist so unglaublich wertvoll.

Am Abend waren wir wieder eine schöne Gruppe mit Kristin und Gusti, Birgit und Elli und Christa mit Lea.

Das Wetter war frühlingshaft und wir konnten bei einer wunderschönen Abendrunde die Seele baumeln lassen und uns etwas vom Schmerz erholen.
DANKE

Bindung durch Vertrauen, Vertrauen durch Bindung

Am Abend liefen wir eine wunderschöne Runde durch den Wald, am Wasser entlang und die Wiese wieder zurück. Über die Brücken leinte ich Messina an und sie ging sehr langsam, Nase dicht am Boden. Sie weiß, dass sie ins Wasser gefallen ist und läuft jetzt noch langsamer über das Holz. Ich werde sie immer begleiten müssen, denn alleine wird sie dieses Hindernis wahrscheinlich nie schaffen. Ist aber nicht schlimm, sie trabte uns durch den Wald selbstsicher nach, spürte, wenn es bergab ging und passte auf alles auf. Für Messina empfand ich heute das kurze Stück direkt am Wasser zu anstrengend, deswegen liefen wir den leichteren Weg.

Messina ist so toll und es ist für mich in Ordnung, wenn ich sie ab und zu führen muss. Es ist immer wieder wunderbar zu beobachten, wie sie diese teilweise schweren Wege meistert. Ich merke, dass sie immer mehr Bindung bekommt, egal ob beim Gassigehen oder daheim. Sie ist viel öfter in meiner Nähe, sucht sie sogar und stupst mich an. Bindung durch Vertrauen, Vertrauen durch Bindung.

Als wir wieder daheim waren, sah ich auf Buffys hellem Fell drei Zecken, die sofort vernichtet wurden, Messina wurde von einem befreit, der gestern gebissen hat.

Das ist der Nachteil von schwarzem Fell, aber auch der Einzige. Ich liebe ihre Farbe und die graue Schnauze. Ich liebe beide und bin froh sie zu haben. Egal welches Alter, Handicap oder Farbe.
DANKE

Auf Schritt und Tritt

Als ich beim Abendspaziergang den Tag Revue passieren ließ, wusste ich noch nicht genau, was ich heute zu berichten hätte, es war ein normaler Tag, ohne besondere Vorkommnisse. Während dieser Gedanken liefen wir an unserem Bolzplatz vorbei. Es war sehr viel los, viele Jugendliche genossen das schöne Wetter und die freie Zeit. Messina schnupperte an deren Rücksäcken und Klamotten und ich fragte zwei Jungs, ob sie Essen dabei hätten, sie verneinten. Sie spielten Ball und ein junger Mann sah Messina und lockte sie. Sie lief in seine Nähe und sah zu ihm hoch. Ich sagte, dass Messina nun gestreichelt werden will und er sagte zu seinen Kumpels, dass sie eine Pause machen sollen. Er kam zu uns und sein Kumpel auch. Sie setzten sich auf den Boden zu Messina und waren verliebt. Sie bewunderten Messina und bestaunten sie und ihre Sicherheit. Mir ging das Herz auf über soviel Liebe. Junge Menschen, über die oft gelästert wird, weil sie Lärm machen und Dreck. Um die man vielleicht einen Bogen macht, weil man meint, sie sind auf Krawall aus. Sie saßen neben Messina und kuschelten sie. Messina saß mit erhobenem Köpfchen neben den Jungs und Buffy saß in sicherer Entfernung im Wald. Dieses schöne

Erlebnis ist nicht alltäglich. Messina bringt Menschen zusammen, egal welchen Alters oder Nationalität. Sie machte diesen „normalen" Tag mit ihrer Sorglosigkeit und Unvoreingenommenheit zu etwas Besonderem. Sie ist einfach unwiderstehlich.

Den Abend verbrachten wir alle zusammen auf dem Balkon und im Wohnzimmer. Sie lag eine Zeitlang sogar alleine auf dem Balkon, ganz friedlich und ruhig. Schön, dass es sie gibt, schön wenn sie bei uns ist.

DANKE

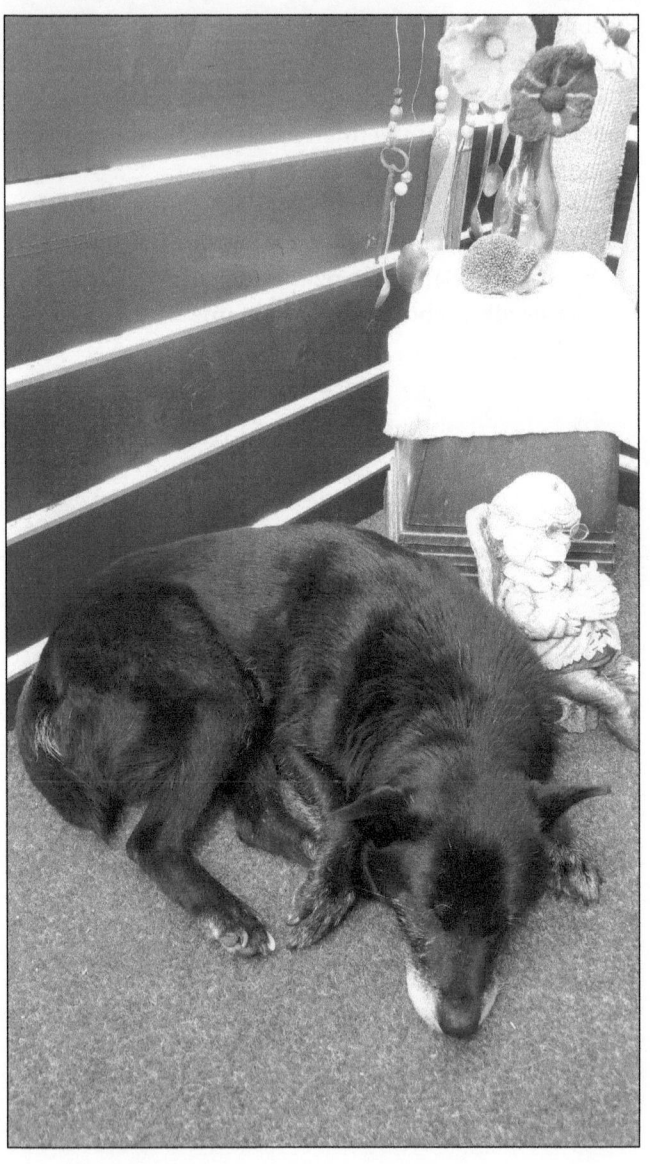

Nicht ohne mich

Als wir mit der morgendlichen Runde fertig waren, ging ich nicht sofort nach oben, sondern zuerst in den Keller. Als ich nach oben ging, lag Messina am ersten Treppenabsatz. Den Kopf zwischen ihre Pfoten gebettet lag sie da und wartete auf mich. Es ist so schön, was sie nun für eine Bindung hat und sie diese mir auch zeigt. Ich frühstückte heute außer Haus, nahm meine beiden nicht mit, sie blieben daheim. Als ich mittags heim kam, begrüßten mich beide überschwänglich. Sie freuten sich, vor allem, weil wir gleich danach die Wohnung verließen. Wir fuhren zu unserer Lieblingswiese, daneben der Bach und liefen den etwas schwereren Weg am Wasser entlang. Den steilen Abhang wollte Messina heute nicht nach unten gehen, denn sie hörte das Planschen von Buffy. So drehte sie sich um und wollte uns nicht folgen. Ich holte sie, nahm sie an die Leine und sie folgte mir ohne dass ich Druck ausüben musste. Nur mit lieben, sanften Worten. Den restlichen Weg war sie immer in meiner Nähe.

Den Nachmittag verbrachte sie ausschließlich im Wohnzimmer, in meiner Nähe und bei den anderen Pfoten. Im Moment kommt sie sehr viel zu mir. Wenn ich sie rufe, kommt sie und legt ihren Kopf in meine Hände. Dann wird fest das Gesicht gestreichelt und wir beide genießen.

Am Abend waren wir eine lange Runde unterwegs und sie war einmal wirklich weit weg, doch ich klatschte in meine Hände und sie kam.

Nach dem Abendfutter legte sie sich in das schwarze, runde Hundebett und war sehr schnell im Tiefschlaf.

Ich machte es mir am Sofa gemütlich und sah sehr oft zu ihr nach unten. Sie bewegte sich im Schlaf, ihre Pfötchen zuckten und ich hoffte, dass sie wenigstens im Traum etwas sieht.

DANKE

Die Rumänin in Italien

Die große Reise zum Gardasee startete um fünf Uhr früh. Meine Freundin Judith, Messina, Buffy und ich. Nach knapp zwei Stunden Fahrt wurde Messina unruhig, ich dachte sie müsse sich erleichtern, weil sie das bei der nächtlichen Gassirunde nicht tat. Doch die Gerüche am Rastplatz waren so stark, dass an das große Geschäft nicht zu denken war. So fuhren wir wieder weiter. Bei der zweiten Pause war sie auch nur am Schnuppern, doch weder sie noch Buffy waren gestresst. Da war ich natürlich sehr beruhigt. Nach einiger Zeit war dann alles entspannt und ruhig. Buffy legte immer wieder ihren Kopf von hinten auf den Sicherheitsgurt der Fahrerin und Messina legte sich lang auf der Rücksitzbank ab. So fuhren wir bis nach Italien. Wir machten an einem schönem Platz Halt, die Hündinnen schnupperten und tobten, wir aßen und vertraten uns die Beine. Am frühen Nachmittag waren wir am Endpunkt Felice del Benaco. Die Fahrt war ruhig, stressfrei, entspannt und das letzte Stück des Weges sogar ohne Autobahn, da wir am See entlang fuhren.

Unsere Wohnung lag im zweiten Stock und die Treppen hinauf musste ich Messina helfen diese zu überwinden. Sie lief sehr vorsichtig, doch mit gutem Zureden meisterte sie es toll. Nachdem wir ausgepackt hatten, gingen wir an den Strand. Die Stufen nach unten waren nicht so anstrengend für sie wie nach oben und am Strand lief sie zwar vorsichtig aber ziemlich schnell. Da sie sehr unruhig lief, nahm ich sie kürzer an die Leine, dass wir den Hindernissen ausweichen konnten. Als wir wieder in der Wohnung waren, legten sich beide ab und schliefen. Doch nicht lange, denn nach kurzer Zeit wurde Messina wieder unruhig und ich ging mit ihr nach unten. Die Stufen lief sie schon wesentlich besser, doch immer noch an der Leine. Danach war sie müde, schlief und träumte in ihrem Bettchen. Was muss dieses wunderbare Wesen leisten. Klar, sie hat Buffy an ihrer Seite, doch all die Geräusche, die Gerüche, was strömt alles auf diese Hundeseele ein. Buffy ist auch oft gestresst, doch sie sieht meinen beruhigenden Blick. Wie empfindet Messina? All das „nur" durch die Nase und das Gehör aufzunehmen. Und trotz dem Stress bleibt sie freundlich und neugierig.

Als wir am Abend die Wohnung verließen um einkaufen zu fahren, lief sie die Stufen alleine und sicher nach unten. Ganz toll. Wir fuhren nach San Felice und bummelten etwas durch den kleinen Ort. Messina war klasse, sie lief nicht mehr wirr umher, sondern war ruhiger. So entschlossen wir uns, beide zum Essen mitzunehmen. Am Anfang war sie sehr nervös, doch dann legte sie sich ab. Der Abend war kurz, denn Mensch und Tier waren sehr müde.

Ich bin froh, dass ich diese Reise gewagt habe, alles lief gut und ohne große Aufregung.

DANKE

Sie versteht Italienisch

Die Nacht war ruhig und Messina schlief tief und fest. Auch als ich den Frühstückstisch vorbereitete regte sie sich nicht. Erst als sie merkte, dass ich mich anzog und die Leinen nahm, stand sie auf und gesellte sich zu Buffy und mir. Als wir die Wohnung verließen und zum Strand liefen, waren wir alleine. Der See lag still und klar vor uns und Messina traute sich etwas näher ans Wasser als gestern. Ganz sicher und selbstbewusst lief sie ohne Leine den steinigen Strand entlang, schnupperte und lief sogar immer wieder ein Stück vor mir her. Dann trafen wir eine Hundebesitzerin und wir liefen ein Stück zusammen. Sie war, wie die meisten Menschen, begeistert von Messina.

Die Stufen nach oben zur Wohnung lief sie alleine, doch am Treppenabsatz stoppte sie, denn dort ist die erste Stufe etwas höher. Als ich sie lockte, stupste sie die Stufe mit ihrer Nase an, hob das Pfötchen höher und kam. Es ist so schön das zu beobachten, wie schnell sie neue Umstände meistert.

Nach dem Frühstück erkundeten wir die Stadt Desenzano. Buffy ist immer sehr aufgeregt, doch an Messinas Seite ging es ihr heute besser. Messinas Leine musste ich kurz nehmen und es war etwas anstrengend. Fuß gehen klappte nicht so gut, doch alles erträglich. Ich legte Messina im Vorfeld ihr Blindenhalsband um, so staunten die Leute und gingen ihr aus dem Weg. Und weil nicht so viel Menschen unterwegs waren, war es nicht ganz so schlimm.

Wir gingen am Wasser entlang, es war ein kleiner Handwerkermarkt und die Eindrücke waren gewaltig.

Wir besuchten ein paar Geschäfte und tranken Cappuccino. Buffy legte sich sofort im Hintergrund ab, Messina war allerdings sehr unruhig. Doch peu à peu kam sie etwas zur Ruhe. Als wir nach knapp drei Stunden zum Auto zurückliefen, war sie müde und man merkte ihr an, dass sie geschafft war. Kaum im Auto, machte es sich Messina auf dem Rücksitz bequem und streckte sich so lang aus, dass Buffy kaum Platz hatte. Als wir wieder in der Unterkunft waren, gab es für jede ein kleines Kaustängchen, danach fielen beide in einen tiefen Schlaf und man sah, dass sie träumten.

Als wir später die Balkontüre öffneten, kamen beide mit nach draußen. Ich hörte Messina von etwas weiter weg bellen und sah nach. Die Wohnung hat einen sehr langen Balkon und Messina war ganz vorne und „unterhielt" sich mit dem italienischen Nachbarshund. Ich rief sie und sie kam angelaufen, doch nicht lange. Sie machte wieder kehrt, lief den Balkon wieder nach vorne und bellte weiter. Aber nicht laut oder aufdringlich, sondern es hörte sich an wie eine Unterhaltung.

Am Abend setzte Regen ein, Messina wurde sehr unruhig, deswegen ging ich mit ihr nach unten. Buffy blieb auf dem Bett, so wackelte Messina alleine die Stufen nach unten und erledigte ihr Geschäft. Als wir wieder in der Wohnung waren, träumten beide Fellnasen. Die Pfötchen zuckten und liefen in der Luft, die Geräusche waren nicht erkennbar von welcher Hündin sie stammten, es wurde anscheinend von beiden viel verarbeitet. Es war ein schöner Tag, den ich mir im Vorfeld anstrengender vorgestellt hatte. Und wieder bin ich froh, dass ich hier bin, hier sein darf, mit beiden. Mit meiner einzigartigen, geliebten Buffy und meiner zweiten großen Liebe Messina.

DANKE

Persönliche Nachricht:
„Deine Messina sieht mindestens sechs Jahre jünger aus. Ich dachte nicht, dass man noch so viel an Lebensqualität aus dieser Hündin herausbringt und sie selbst hat richtig Gas gegeben. Das ist zu schön."

Fremdenführerin

Sirmione, eine schöne Stadt am Gardasee, meistens voller Touristen, doch um diese Jahreszeit nicht. Da es noch zeitig am Tag war, war sehr wenig los und wir bummelten entspannt durch die Gässchen. Messina war überhaupt nicht gestresst, lief sogar oft vor uns her und gab Buffy Sicherheit. Wir wurden von einigen Menschen angesprochen, natürlich auf italienisch, doch die Gesten sprechen die gleiche Sprache. Auf den Plätzen in Sirmione, an denen kaum Menschen waren, konnte ich beide an der langen Leine laufen lassen und der Ausflug war sehr schön. Die Regenwolken hatten sich verzogen und wir blieben trocken. Auf der Heimfahrt allerdings regnete es in Strömen und wir freuten uns, dass wir soviel Glück hatten.

Wieder in der Wohnung angekommen, legten sich beide ab und schliefen sofort ein. Buffy lag auf ihrer Decke auf meinem Bett, Messina in ihrem Bettchen und während wir den mittlerweile sonnigen Ausblick genossen, waren wir umgeben von zwei träumenden und schnarchenden Hündinnen.

Etwas später verließen Judith und ich kurz die Wohnung und ließen beide schlafen. Nach circa einer knappen Stunde ging Judith vor mir in die Wohnung, ich blieb unten und reinigte mein Auto. Ich hörte Messina freudig bellen und als ich nach oben kam, standen beide am Eingangstor, sprangen hoch und wedelten mit ihren Ruten um die Wette. So freudig habe ich Messina noch nie erlebt. Sie waren in diesem Urlaub noch kein einziges Mal alleine und Buffy war sicher aufgeregt. Und mit dieser Aufregung hat sie wahrscheinlich Messina angesteckt. Es war so goldig und ich kam mit dem Streicheln kaum nach, so liebesbedürftig waren beide. Ich fühlte mich wunderbar und war, wie immer, sehr dankbar.

Am nicht allzu späten Abend, die Sonne war schon untergegangen, aber das Licht sehr schön, gingen wir noch etwas am Strand spazieren. Buffy wollte nicht so gerne, doch Messina war absolut aufgedreht. Sie spielte mit mir auf der Wiese, sprang und rekelte sich und animierte sogar Buffy. Doch Buffy war zickig und ängstlich, auch wegen einem vorangegangenen Schuss, und ließ sich leider nicht darauf ein. Das war sehr schade. Sie wollte wieder in die Wohnung, doch sie musste mit zur Abendrunde und wir erlebten noch ein paar schöne, abendliche Momente.

Ich bin verliebt in meine beiden Fellnasen, es ist wunderschön und ich erlebe mit ihnen unvergessliche Momente.

DANKE

Im Wasser gewesen

Messina fühlt sich am Strand mittlerweile sehr wohl. Als ich sie rief kam sie sofort zu mir, sie beschnupperte alles, zeigte Interesse und genießt jeden Tag die morgendlichen Spaziergänge. Als wir unweit unserer Wohnung einen Ausflug machten, trabten meine beiden so toll mit, dass wir uns entschlossen, im Hafen von Felice del Benaco eine Kleinigkeit zu essen. Wasser hatte ich für die Fellnasen diesmal nicht mit dabei, doch ich hoffte, dass sie am Strand trinken würden. So war es auch. Beide gingen mit mir über den Kies zum Wasser, Buffy zuerst mit den Pfötchen rein und trank und Messina tat es ihr tatsächlich nach. Ohne Scheu stand sie mit den Vorderpfötchen im Wasser und ließ sich das kühle Nass schmecken. Ich freute mich, dass sie nun auch diese Hürde geschafft hat und sich durch diese Überwindung etwas Gutes tat.

Es ist unglaublich was Messina alles mitmacht. Es ist nicht anstrengend mit ihr und ich genieße, dass sie dabei ist und ich sie nicht in der Wohnung lassen muss, was ich im Vorfeld eigentlich dachte. Sie zeigt Vertrauen und Freude und unermüdliches Interesse. Ein weiterer wundervoller Tag neigt sich dem Ende und ich bin wie immer froh und sage:

DANKE

Ein schlafloser Tag

In der darauffolgenden Nacht weckte mich Messina durch fiepen und Bauchgeräusche. So gingen wir in der Früh, es war noch dunkel, nach unten, weil ich dachte sie muss sich erleichtern. Buffy tat das sehr schnell, doch Messina schnupperte ziellos durch die Gegend. Nach einer halben Stunde gingen wir wieder nach oben, doch sie gab keine Ruhe. So wiederholten wir das, diesmal ohne Buffy, doch wieder das Gleiche. In der Wohnung waren ihre Bauchgeräusche so laut, dass ich mir dachte, es könnte vielleicht Hunger sein. So gab ich beiden das Fressen, das ich abends schon immer in Wasser einweiche, damit sie genug Flüssigkeit bekommen. Beide fraßen und danach war auch Ruhe und sie schliefen selig weiter. Auch dies war neu für mich und ich werde das abspeichern und vielleicht das nächste Mal wissen, was Messina möchte.

Am Morgen fuhren wir zur alten Papiermühle bei Moderna. Das Wetter war traumhaft, der Weg super toll. Ich ließ Messina keinen Augenblick von der Leine, denn die Abhänge sind lebensgefährlich. Sie lief sehr schön, unermüdlich, oft auch vor uns, wie Buffy auch. Wir liefen den Weg sehr weit, immer am Bach entlang und an einer etwas ruhigeren Stelle machte sie es Buffy nach, die schon am Planschen war, und ging ins Wasser. Und nicht nur mit den Vorderpfötchen sondern mit allen Vieren. Sie trank und hatte keine Angst. Wunderschön welches Vertrauen sie hatte und wieder das Wasser genoss. Als wir etwas aßen, kam sie zur Ruhe und streckte sich lang aus, so sah ich sie noch nie. Sie entspannte sich völlig. Bevor wir am Abend Essen gingen, brachten

wir die Hündinnen in die Wohnung, eine weitere Unternehmung wollte ich ihnen nicht zumuten. Sie mussten auch einmal ruhen, der Tag war lang und anstrengend. Als wir eine Stunde später nach oben in die Wohnung kamen, begrüßten uns beide freudig, doch dann versanken sie sofort wieder in tiefen Schlaf und verarbeiteten den wunderschönen Tag.
DANKE

Strandtag

Ein schöner ruhiger Morgen begann. Nach dem Frühstück besuchten wir den Campingplatz neben unserer Ferienwohnung. Wir spazierten gemütlich durch die Häuschen und genossen die Leere und die Ruhe. Da der Campingplatz terrassenförmig angelegt ist, mussten wir einige Stufen steigen, die Messina langsam aber sehr gut meisterte. Nach unten fiel es ihr schwerer als nach oben, doch mit meiner Hilfe und mit Ruhe klappte es ganz toll.

Um die Mittagszeit gingen wir an den Strand. Messina war sehr unruhig, so ging ich zuerst mit ihr zum Wasser. Goldig wie sie sich immer mehr zutraute und vom See trank. Da die Unruhe danach nicht besser wurde, baute ich ihr einen Schattenplatz, indem ich eine Sonnenliege direkt neben uns aufstellte, und sie konnte sich daran anlehnen. Buffy lag unter meiner Liege, doch Messina wollte das nicht. So half ich ihr zu entspannen, und sie legte sich ab und schlummerte. Als wir später wieder in der Wohnung waren, war an Schlaf nicht zu denken, denn wir wollten uns noch einmal auf dem Weg machen um die Umgebung zu erkunden, eine Kleinigkeit einzukaufen und den Sonnenuntergang zu genießen. Im Auto legte sich Messina sofort zum Schlafen nieder, Buffy ließ sich den Wind um die Fellnase wehen. Schade, dass für Messina die Landschaft vorbei zieht, ohne dass sie sie sehen kann. Wenn ich Buffy im Rückspiegel beobachte, wie es ihr gefällt und dann an Messina denke, tut sie mir leid. Doch ich hoffe, dass ich ihr das Leben, trotz Blindheit, schön mache. So hatten wir einen schönen Abend bevor wir endgültig in die Wohnung fuhren. Als wir die Stufen nach oben liefen, merkte ich schon, dass Messina müde und erschöpft war. Ich musste ihr helfen, den richtigen Weg zu finden. Als wir dann in der Wohnung waren und ich beide versorgt hatte, wurden sie faul. Buffy auf ihrer Decke auf dem Bett und Messina in ihrem Bettchen. Keine Bewegung, außer das gleichmäßige Atmen und die Pfötchenbewegungen ihrer Träume. Der Tag heute war für sie sicher anstrengend, zuerst die vielen Stufen, dann die Unruhe am Strand und wenig Schlaf. Doch sie machte alles mit, war lebensfroh und agil und in den Ruhepausen kam sie absolut zur Ruhe. Sie träumte und schnarchte wie lange nicht.

DANKE

Letzter Urlaubstag und Heimfahrt

Der Tag begann zeitig, denn die Runde am Abend vorher fiel aus, weil beide Hündinnen so tief schliefen, dass ich sie nicht wecken wollte. Wir genossen die Ruhe, kein Lärm, keine Menschenseele, nur das Wasser und die Lieder der Vögel. Gemütlich schlenderten wir eine Weile den Strand entlang, bevor es Frühstück gab. Da in Salo Markttag war, entschlossen wir uns, diesen zu besuchen. Allerdings wollte ich das meinen beiden nicht zumuten, sie hatten die letzten Tage genug erlebt, so ließ ich beide in der Wohnung. Buffy sah uns vom Balkon aus nach, als wir gingen, es war kein schönes Gefühl. Doch ich wollte ihnen den Stress durch die vielen Menschen nicht antun. Wie sich dann allerdings herausstellte, war der Markt aufgrund der Uhrzeit noch sehr wenig besucht. Das hatte den Vorteil, dass wir in Ruhe schauen konnten, und doch wieder relativ zeitig in die Wohnung kamen, wo wir überschwänglich begrüßt wurden. Buffy hörte schon die Autogeräusche und stand auf dem Balkon als wir die Treppe nach oben kamen. Auch Messina freute sich und zeigte dies wie noch nie zuvor. Wir gingen mit beiden sofort in den Garten und sie genossen es.

Am Nachmittag liefen wir unsere letzte schöne Runde. Zuerst am Strand entlang, dann nach Felice del Benaco und dort in eine Eisdiele. Die Hündinnen bekamen vom Chef eine Schüssel mit Wasser und wir unser Eis. Messina war ruhig und legte sich sofort ab. Als wir wieder bei unserer Wohnung waren, ging Judith mit den beiden nach oben, ich bereitete das Auto für die Heimfahrt am nächsten Tag vor. Ich säuberte die Hundedecke und befestigte Messinas Autositz, den ich die letzten Tage nicht benötigte. Als ich in die Wohnung kam, warteten beide am Balkon auf mich und freuten sich so arg, als wäre ich ewig weg gewesen. Herrlich die beiden. Leider mussten wir packen, denn am nächsten Morgen war die Abreise. Buffy war sehr aufgeregt und Messina stand manchmal im Weg. Am Abend bestaunten wir das letzte Mal den Sonnenuntergang, ich ließ den Urlaub Revue passieren und freute mich über jeden Augenblick, den ich mit meinen Fellnasen erleben durfte. Es war ein Abenteuer, ein Erlebnis, unvergesslich schön und wertvoll. Und ich bin froh und dankbar, dass alles ohne Komplikationen geklappt hat.

DANKE

Heimfahrt

Nach einer schönen Morgenrunde frühstückten wir und säuberten unsere Wohnung. Buffy war, wie immer bei solchen Gelegenheiten, aufgeregt und nervös, Messina verschlief alles. Wir mussten sogar um ihr Bettchen kehren, denn sie schlief tief und fest. Erst als die Wohnung sauber und alles im Auto verstaut war, stand sie auf. Als wir fuhren, war sie einige Zeit relativ unruhig, doch endlich wurde sie müde und entspannte sich. Als wir nach einer guten Fahrt wieder daheim waren, gingen wir zuerst mit Christa und Lea eine Runde spazieren. Sie und Lea haben mir gefehlt und die 3 Fellnasen waren endlich wieder vereint. Uns tat nach der langen Autofahrt die Bewegung sehr gut.

Daheim angekommen, war Messina sehr aufgeregt. Sie lief in der Wohnung umher als würde sie alles aufs Neue kennenlernen. Dann lief sie alleine das gesamte Stockwerk nach unten und als ich sie rief, alleine wieder hoch. Sie tigerte eine Stunde unruhig umher, bis sie es sich endlich im Wohnzimmer gemütlich machte. Als ich später zur Ruhe kam, waren beide anwesend und ich lauschte den Geräuschen des Schnarchens von Messina.

Ich glaube, dass die letzten Tage für unsere Bindung unentbehrlich waren. Ich weiß nicht ob man es so schreiben kann, doch ich fühle so: Es ist, als hätte Messina meine Liebe neu entdeckt. Das Vertrauen ist derart gewachsen, die Bindung wesentlich stärker geworden. Auch Buffy hat sich die Tage verändert. Sie ist Messina gegenüber aufmerksamer und liebevoller. Ich bin glücklich diese beiden bei mir zu haben, beide zu erleben, zu spüren, zu riechen.
DANKE

Gewitterangst

Als ich heute Morgen die Wohnungstüre öffnete, hatten es beide sehr eilig, aber nicht wegen ihrem Geschäft, sondern aus Bewegungsfreude. Damit sie mir nicht wieder davonflitzten, nahm ich sie vor der Haustüre an die Leine und wir liefen eine wunderschöne, sonnige Runde, in dem Tempo, welches mir meine beiden vorgaben.

Gegen Mittag zogen Wolken auf und in der Ferne hörte man es donnern. Buffy zitterte am ganzen Körper, Messina war wie immer. Trotz Buffys Angst drehte ich mit beiden eine kleine Runde. Buffy wollte gar nicht laufen, doch als ich sie lockte, sah sie zu Messina und lief dann mit. Zwar sehr widerwillig, doch es musste sein. Als wir wieder in der Wohnung waren, war typisches Aprilwetter, Sonne und Wolken wechselten sich ab. Man hörte das Gewitter in der Ferne und Messina wurde sehr nervös. Sie schlief nicht, sondern lief aufgeregt umher. Sie knurrte leise, als sie den Donner hörte und war immer in unserer Nähe. Beide verließen das Wohnzimmer, Buffy ging in ihren Rückzugraum, das Bad und Messina lag vor der Türe. Ziemlich lange war nicht an Ruhe zu denken. Als das Schlimmste vorbei war, schliefen beide ein.

Die Nacht war sehr ruhig und als ich aufwachte musste ich zuerst Messina kuscheln. Sie war übermütig, drehte sich auf den Rücken, schnappte sanft nach meinen Zehen und spielte. Nach der Morgenrunde musste ich in Nachbars Garten arbeiten und nahm meine Fellnasen mit. Messina erschnupperte sich das ganze Areal, sie war sehr vorsichtig und ich konnte sie getrost unbeaufsichtigt lassen, denn dort gibt es kein Schlupfloch, aus dem sie entwischen könnte. Nach einer guten Stunde traute ich meinen Augen kaum, sie lag völlig entspannt im Schatten. Als ich ihr etwas zum Trinken brachte, schlabberte sie ausgiebig, dann lief sie wieder ein paar Schritte, um sich dann wieder abzulegen. Ab und zu mussten beide den Garten verteidigen, er liegt neben einer Siedlungsstraße und der eine oder andere Fußgänger musste begrüßt werden.

Nach getaner Arbeit gab es für beide getrocknete Kopfhaut und der Nachmittagsschlaf begann. Es war zwar kein Gewitter im Anmarsch, doch der Himmel verdunkelte sich und es begann zu regnen. Buffy wachte auf und lief mir in der Wohnung nach. Das tat Messina ihr gleich und als ich ins Schlafzimmer ging, hüpfte Buffy auf ihre Decke auf dem Bett und Messina legte sich auf den Teppich. Ich hoffte, dass sie dort bleiben und zur Ruhe kommen würden. Keineswegs. Als ich wieder in das Wohnzimmer ging, legte sich Buffy neben das Sofa, und da hörte ich auch schon die Krallen von Messina auf den Fliesen. Sie kam angewackelt und legte sich auf den Teppich vor die Balkontüre. Sie spürten das Gewitter in der Ferne und waren nervös.

Am frühen Abend war der Himmel immer noch dunkel und wir wollten eine schnelle Runde drehen. Kaum

saßen wir im Auto, donnerte es und Messina knurrte laut und ängstlich. Dann öffnete sich der Himmel und der Platzregen begann. Immer nach einem Donner, knurrte Messina. Und wieder tat sie mir leid, denn ich konnte ihr die Last nicht nehmen. Als das Unwetter vorbei war, wir saßen einige Zeit im Auto, trafen sich viele Hundemenschen auf der Wiese. Es waren insgesamt neun Hunde. Die Sonne kam zum Vorschein, die Wolken verzogen sich, der Löwenzahn und die blühende Wiese erstrahlten. Und mitten in dieser Naturschönheit waren wir Menschen mit unseren Fellnasen. Messina pöbelte einen jungen Australien Shepherd an, doch nach ein paar Sekunden war Frieden. Diese Veränderung begrüße ich nicht so sehr, doch das gehört jetzt zu Messina. Mittlerweile bin ich aber vorbereitet und beobachte die Situation. Meine Ängste werden weniger, denn ich weiß, dass Messina eine zarte Seele ist und nicht streiten will. Sie erkundet jetzt ihr Umfeld mehr als noch vor ein paar Wochen, sie blüht immer mehr auf. Das erfreut mein Herz, sie ist aktiv und lebensfroh. Und was gibt es Schöneres als jede Woche eine neue Veränderung an ihr festzustellen. Eine Veränderung, die für sie Lebensfreude und Lebensqualität bedeutet.
DANKE

Blütenstaubköpfchen

Grenzenlose Liebe durchströmt mein Herz wenn ich meine Augen aufschlage. Morgens, wenn ein neuer Tag beginnt, mit Sonne und mit meinen Tieren. Meine Miezen weckten mich, meine Fellnasen schliefen noch in ihren Bettchen. Messina in diesem Bettchen zu sehen ist immer noch unglaublich. Ob es ihr erstes weiches Bettchen ist, in dem sie liegt? Selten zusammengerollt wie noch vor ein paar Wochen, sondern meistens langgestreckt. Nun sind es über vier Monate, dass sie bei mir ist und es passiert immer noch Neues.

Wenn sie schläft, träumt sie öfter und knurrt. Wenn sie hört, dass ich mich ankleide oder zur Wohnungstüre laufe, folgt sie mir und will nach draußen. Wenn ich sie nicht aufhalte, stürmt sie die Treppe nach unten, um ein paar Stufen weiter unten auf mich zu warten. Ich übte ja mit ihr -bleib- und sie machte das, obwohl sie es eilig hatte, weil sie wusste, dass es nach draußen geht. Sie kann immer besser abwarten, obwohl sie flitzen möchte.

Die Leckerli beim Gassigehen wirken Wunder. Sie hört immer besser aufs Wort und macht sich sofort auf den Weg in meine Richtung. Nicht immer, nämlich wenn sie etwas Gutes in der Nase hat, doch immer öfter. Und sie erwartet dann nicht unbedingt ein Leckerli, sondern erfreut sich auch an einem Streichler.

Unsere Spazierrunden sind herrlich, die Wiesen stehen in vollem Saft. Buffy ist an der Leine wegen dem Wild, doch da brauche ich bei meiner blinden Hündin keine Bedenken haben. So darf Messina schnuppern und in ihrem Tempo laufen. Wenn sich ihr Köpfchen in dem abgeblühten Löwenzahn versenkt und sie wieder aufblickt, ist sie übersät von Pusteblumen. Das wirkt natürlich malerisch auf ihrem schwarzen Fell.

Buffy, Messina und ich, ein tolles Dreiergespann.
DANKE

Sorgen

Um die Mittagszeit liefen wir eine gemütliche Runde. Als wir durch unsere Bahnunterführung gingen, legte sich Messina plötzlich hin. Auf gutes Zureden stand sie auf und wir gingen heim. Sie kam mir die letzten zwei Tage schon etwas verändert vor, doch auch wenn ich manchmal glaube, dass sie schlapp ist, hat sie doch ihren eigenen Kopf und ihr selbstbewusstes Wesen.

Und doch ist sie etwas verändert. Ich dachte, dass Messinas Fellwechsel die letzten Tage etwas besser sei, doch da irrte ich mich. Sie verlor so viel Fell, dass ich mir große Gedanken machte. Ich rief die Tierärztin an und erzählte ihr von dem ziemlich starken Fellverlust, sie meinte, dass es dieses Jahr bei vielen Hunden so wäre. In dieser Form kenne ich das nur von Pferden, darum bereitete es mir Sorgen. Da es Messina ansonsten gut ging, wollten wir mit einer Untersuchung noch etwas warten. Ich musste ihr Trinkverhalten beobachten und regelmäßig ihr Gewicht überprüfen und wenn sich dahingehend etwas zum Schlechten verändert, müsste ich sofort mit ihr zur Tierärztin fahren.

Daheim ist sie oft in Buffys Nähe und wenn diese den Raum wechselt, geht Messina ein paar Minuten später nach.

Die Gedanken kreisen im Moment. Die Sorge, dass Messina krank ist, lastet auf mir. Dann muss ich mich zusammennehmen und positiv denken. In der Wärme werde ich mich mit einem schwarzen Hund etwas umstellen müssen, doch ich werde sie beobachten und mich auf ihre Bedürfnisse einstellen. Und dann werden wir ei-

nen schönen Sommer haben und auch bald den anstrengenden Fellwechsel hinter uns lassen.
DANKE

Galopp über das Feld

Die Morgenrunde liefen wir heute durch den herrlichen Wald. Sie war lang und gemütlich und beide Hündinnen durften laufen und schnuppern wie sie das wollten. In der Neubausiedlung reihen sich die neuen Häuser mit schönen Grundstücken aneinander. Dort ist Schutzgebiet und so weit das Auge reicht nur Feld und Wald.

Am Abend liefen Kristin mit Gusti, Christa mit Lea und ich mit meinen beiden den Weg in die andere Richtung als am Morgen. Als der Weg zu Ende war, liefen wir nicht die Straße zurück, sondern auf dem Grünstreifen zwischen zwei Feldern. Ich war nur kurz mit den beiden Frauen im Gespräch, als ich mich umdrehte um nach Messina zu sehen, die hinter mir war. Doch ich sah nur drei Hunde. Messina war für mich nicht mehr in Sichtweite. Doch Kristin entdecke sie. Ziemlich weit weg von uns, circa zweihundert Meter und sie lief in die entgegengesetzte Richtung. Sie lief die Richtung, die wir am Morgen gelaufen waren. Messina muss sich während meines Gesprächs umgedreht und die Richtung verloren haben. Ich drehte um und wollte sie holen, ich rief sie und raschelte mit ihrem Futterbeutel und siehe da: Sie hob den Kopf und lauschte. Sie lief über das Feld, tatsächlich in meine Richtung. Zuerst etwas zaghaft, doch als sie merkte, dass meine Stimme aus der Richtung kam, galoppierte sie die gesamte Strecke quer über das Feld. Ich rief immer weiter, denn es war kein Hindernis für sie im Weg, es war alles sicher. Es waren unglaubliche Sekunden, wir drei Frauen standen und beobachteten den Galopp von Messina. Warum sie sich umdrehte und uns, obwohl sie unsere Stimmen hörte, nicht folgte, weiß ich nicht. Vielleicht war es wieder der heftige Wind, der sie verwirrte. Aber das war nicht mehr wichtig. Wichtig war, was sie danach tat. Dieser Moment wird immer in meinen Gedanken bleiben. Ein blinder Hund, der hunderte von Metern galoppiert, um wieder zu mir zu kommen.

DANKE

Fremdes Essen geklaut ... peinlich

Heute war wieder ein heißer Tag. Am Morgen gab es für meine beiden kein Halten, als sich die Haustüre öffnete. Ich ging die Runde, die zur Hälfte durch den Wald führt, der Rest verlief in der Sonne. Es wehte ein angenehmer Wind und die Runde war schön. Am frühen Nachmittag gingen wir nur eine kurze Strecke vom Haus weg. Auch dort ist viel Schatten und Messina fühlte sich wohl. Daheim lag Buffy auf dem sonnigen Balkon, Messina, trotz Wärme, in ihrem Kuschelbett, abwechselnd aber immer wieder auf den kühlen Fliesen. Sie verschliefen den ganzen Nachmittag, und als ich beide rief, waren sie sofort bereit für die Gassirunde. Für Messinas Empfinden war es noch ziemlich warm, und sie ging nicht so flott wie sonst. Leider passte ich einen kurzen Moment nicht auf und sie stieß gegen ein Hindernis. Wahrscheinlich war sie noch schlaftrunken. Auch im Wald war sie zögerlich, bewegte sich kaum und schnupperte viel. Trotzdem versuchte ich geduldig zu sein, und die vorgenommene Strecke zu laufen, denn heute hatten wir uns noch nicht allzu viel bewegt. Zwischen den Feldern ging es recht gut. Meine Fellnasen ließen sich Zeit und ich ließ sie schnuppern. Ich entschloss mich, den restlichen Weg nicht in der Sonne zu laufen, sondern im Schatten. Dazu musste ich durch eine Bahnunterführung. Plötzlich legte sich Messina wieder einen kurzen Augenblick auf den Teer. Als ich sie ansprach, stand sie aber auf und lief den schattigen Weg brav mit. Kaum in der Sonne, wurde sie wieder langsamer, sodass der Heimweg etwas länger dauerte als sonst. Ich überprüfte ihre Pfötchen, diese waren trocken und nicht schwitzig. Ich hatte Bedenken, denn sie hechelte schon sehr als wir das Treppenhaus nach oben gingen. Die Wohnungstüre war noch nicht richtig offen, stürmte sie in die Wohnung und trank gierig ihr Wasser. Danach gab es Futter und sie schlief wieder wohlig auf den kühlen Fliesen. Etwas später kam Ines zu mir zu Besuch und lernte Messina kennen. Ines kam direkt von der Arbeit und hatte eine Schüssel mit Salat dabei. Dies sollte später ihr Abendessen sein und sie wollte ihn nicht in der Wärme im Auto lassen, deshalb nahm sie ihn mit hoch zu mir. Ohne Gedanken an Folgen, stellte ich die Schüssel auf die Bank in meinem Flur. Plötzlich hörte ich ein seltsames Geräusch und dachte, dass vielleicht Ines etwas runtergefallen sei. Doch es war Messina, die sich den schmackhaften Salat von der Bank holte. Da es keine fest verschlossene Schüssel war, hatte der Klau zur Folge, dass alles auf den Fliesen landete und Messina sich daran ergötzte. Doch nicht lange, denn ich packte sie und trug sie ins Schlafzimmer. Türe zu, Messina eingesperrt. Oh Gott

war mir das peinlich. Nun musste ich zuerst putzen, bevor wir beiden Frauen zum eigentlichen Thema des Treffens kamen. Da Ines aber selbst einen Hund hat und tierlieb ist, war sie nicht böse. Als Entschädigung bekam sie von mir zwar kein Abendessen, aber ein Glas selbstgemachte Marmelade. Als ich Messina aus dem Zimmer ließ, suchte sie nicht weiter nach dem Salat, sondern legte sich zu uns ins Wohnzimmer, als wäre nichts gewesen. War für sie ja auch nicht schlimm, wer weiß, wie oft sie früher Fressen stehlen musste. So ging der Tag mit einem Lächeln zu Ende. Schön wenn man über Mundraub schmunzeln kann.
DANKE

Gewitterangst und Streit

Am Abend zog ein heftiges Gewitter auf. Bevor es das regnen begann, lief ich mit den beiden noch schnell in den Garten, damit sie Pippi machen konnten. Danach regnete es arg, es donnerte kaum, doch die Blitze sah man in allen Himmelsrichtungen. Buffy lag wie immer zwischen Wohnzimmertisch und Sofa, Messina lief unruhig in der Wohnung auf und ab. Ich sprach sie öfter an, dann kam sie zu mir und ließ sich streicheln. Plötzlich sah ich sie nicht mehr, sie lag hinter dem Sofa. Dort lag sie noch nie und sie suchte in diesem hinteren Eck Schutz. Endlich, nach einer guten Stunde wurde sie ruhiger und schlummerte, wie Buffy auch, in ihrem Bettchen.

Am Abend trafen wir viele Menschen und Hunde bei unserer Gassirunde. Uns kam ein Hundebesitzer mit seinem Hovawartrüden entgegen. Messina lief freundlich auf die beiden zu, doch die Situation kippte für einen Moment. Wie beide Hunde aneinandergerieten, entzieht sich meiner Kenntnis, ich sah nicht hin. Ich hörte Messina und sah den Rüden, wie er sich zweimal auf Messina stürzte. Das ist natürlich ein gewaltiger Größenunterschied. Messina zwickte ihr Schwänzchen ein und lief davon. Alles Rufen half nichts, auch nicht das Rascheln des Leckerlibeutels. Sie hielt ihr Köpfchen sehr schief, sodass ich ihr nachlief und sie an die Leine nahm. Ich beruhigte sie und sah nach ihrem Ohr, konnte aber nichts entdecken. Ein paar Minuten ließ ich sie an der Leine, denn sie war orientierungslos. Vielleicht war ein Sinn weg und ihr tat etwas im Ohr weh. Ich ließ sie den restlichen Spaziergang nicht mehr alleine. Zu allem Übel kam noch einmal ein Gewitter. Wir schafften es gerade noch heim, da fing der Sturm und der Regen erneut an. Sie lief wieder in der Wohnung auf und ab und hechelte. Gott sei Dank dauerte das Ganze nur etwa eine halbe Stunde und das Wetter und die Hündinnen entspannten sich. Messinas Atem ging zwar immer noch heftig, aber sie lag der Länge nach auf dem Teppichläufer und erholte sich.

Alles vorbei, nichts ist passiert, Hündinnen und Wetter wieder ruhig,
DANKE

Enten"jagd"

Die letzten Tage waren wieder unvergesslich mit schmusen und schönem Wetter. Zwar heiß, aber wir fanden unseren Rhythmus. Morgens eine Runde halb in der Sonne, halb im Schatten, am Nachmittag nur kurz im Garten. Meine Nachbarin hatte Besuch, das gefiel Messina. Sie legte sich unter den Biertisch, inmitten sechzehn Füßen. Es könnte ja ein Stückchen Essen nach unten fallen. Es war herrlich wie sehr sie das genoss, im Sand lag und die Bewegungen der Menschen beobachtete, als ob sie sehen könne, was dort oben am Tisch passiert.

Die Abendrunde am Fluss gefiel den Hunden, sie planschten und spielten ausgiebig. Auf dem Rückweg sahen wir, dass im kleinen Bach eine Entenfamilie war. Rüde Gusti und Buffy wollten spielen, doch da Buffy wasserscheu ist, hüpfte sie Gott sei Dank nicht zu der Entenfamilie in das Wasser. Ich hatte Messina schon kurz vorher an die Leine genommen, weil ich sah, dass sie den Kopf hob und etwas witterte. Als sie dann die Geräusche der Enten hörte und vielleicht den Geruch wahrnahm, zog sie wie von Sinnen an der Leine und wollte unbedingt zu den Enten. In dem Moment dachte ich wirklich, dass, wenn sie frei gewesen wäre, wäre sie ins Wasser und hätte sich ihr Abendfutter geholt. So aufgebracht habe ich sie noch nicht erlebt seitdem ich sie habe.

Die Abendrunde dauerte eine Stunde und das ist für Messina ziemlich lange. Als wir daheim waren, hatte sie sehr viel Durst und Hunger, dann wurde sofort geschlafen. Kein Wunder, denn so aufregend war wahrscheinlich noch keine Runde seit sie bei mir ist.

Ich denke, dass für Messina heute ein schöner Tag war. Er war abwechslungsreich und freudig, auch wenn sie keinen (Enten)Fang gemacht hat.

DANKE

Sie liebt mich

Ich kann es kaum in Worte fassen, was die letzten Tage passierte. Messina kam oft zu mir, legte ihr Köpfchen in meine Hände und schloss die Augen wenn ich ihr Gesicht und ihre Ohren streichelte. Wenn Buffy das Zimmer wechselte, lief sie ihr nach und legte sich dazu. Sie kuschelte sich in das schwarze runde Hundebettchen und man merkte ihr an, wie tief sie entspannte und dabei träumte. Ich saß oft neben ihr und beobachtete sie. Das ist unvorstellbares Glück was ich empfinde.

Als sie vor ein paar Tagen im Zeitlupentempo an Buffy vorbei ging, nahm Buffy ihren Hinterlauf in ihr Mäulchen. Das macht sie auch manchmal bei den Miezen. Messina tat nichts, ging einfach langsam weiter. Ich war absolut glücklich, dass Messina so entspannt reagierte und wusste wie Buffy „es meinte". Bei Buffy ist die Skepsis noch nicht weg. Wenn Messina bellt oder spielen will, dreht sie sich weg, der Blick angespannt. Doch man merkt jede Woche mehr, wie sie aufeinander achten. Nach knapp fünf Monaten ist es immer noch traumhaft sie zu riechen, sie um mich zu haben, sie zu hören und zu spüren.
DANKE

Messina ist läufig und Ausflug nach Augsburg

An einem Nachmittag sah ich kleine rote Flecken auf meinen Fliesen. Oje, Messina ist läufig. Da ich in die Arbeit musste und danach vor hatte, zu meiner Schwester nach Augsburg zu fahren, hatte ich keine Zeit, Höschen zu kaufen. So half mir meine Nachbarin Kristin aus, die von ihrer Nichte Besuch hatte. So lag, als ich von der Arbeit nach Hause kam, ein kleines Höschen im Briefkasten und es passte Messina hervorragend. Nach einer kleinen Gassirunde am Abend fuhren wir gemütlich nach Augsburg. Das Wetter war herrlich und dort angekommen, verweilten wir bis zur Bettgehzeit im Garten. Messinas Bettchen nahm ich mit und sie schlief ruhig mit mir und Buffy in dem kleinen, aber gemütlichen Gästezimmer. Am Morgen liefen wir nur eine kleine Runde um den Häuserblock, wir wussten, dass wir den ganzen Tag im Freien sein würden. In der Siedlung, in der meine Schwester wohnt, war Garagenflohmarkt und wir bereiteten alles vor. Buffy und Messina hatten einen großen, wunderschönen schattigen Garten für sich, den sie auch den ganzen Tag genossen. In die Wohnung wollte ich Messina nicht lassen, ich hatte Bedenken, dass sie sich das Höschen auszieht und den Teppich blutig macht. Nach dem Frühstück wollte sie nach drinnen, doch dann lag sie auf ihrem Bettchen im Schatten, dann wieder unter dem großen Baum auf der kühlen Erde. Ab und zu kam sie zu mir gelaufen, holte sich von den fremden Menschen ihre Streicheleinheiten ab und erfreute das eine oder andere Herz auf ihre liebevolle Art und Weise. Sie wälzte sich auf dem schönen Rasen und genoss in vollen Zügen. Am Abend war sie dann ziemlich müde. Das Abendfutter der beiden hatte ich dabei und nach dem ich sie gefüttert hatte, fuhren wir nach Hause. Nur noch kurz in den heimischen Garten zum Pippi machen und beide waren müde und erschöpft und schliefen sofort ein.

In der Nacht wachte ich auf, weil Messina unruhig war. Sie lief zwei Stunden nervös in der Wohnung umher, einmal waren wir im Garten und sie erbrach sich insgesamt viermal. Ich war sehr nervös, ließ den Tag Revue passieren, und da sie weder Leckerlis bekam, noch schlechtes Wasser getrunken hatte, kam ich zu dem Ergebnis, dass es die Summe von allem war: Die Wärme, Läufigkeit, zu wenig Ruhe und Schlaf, ungewohnte, neue Umgebung. Somit musste ich mir etwas einfallen lassen, denn bald würde ich dort zwei Nächte bleiben und ich muss dafür sorgen, dass ich für Messina unbedingt einen Rückzugsort schaffe. Nicht nur, indem ich ihr Bettchen mitnehme, sondern sie auch in die Wohnung lasse wo sie ungestört tief schlafen kann.

Bei der kleinen morgendlichen Runde war Messina wohlauf. Unterwegs ließ ich sie Gras fressen, das sie aber sofort mit dem bisschen Frühfutter wieder erbrach. Als wir daheim waren, wollte Messina nicht mehr fressen. Das erste Mal seit ich sie habe, dass sie nicht nach ihrem Fressen gierte. Ich ließ sie schlafen, allerdings lag sie immer wieder auf einem anderen Platz, sogar einmal im Badezimmer, dort ist es relativ kühl. Ich sah oft nach ihr und als ich später mit beiden kurz in den Garten ging, legte sie sich sofort in den Schatten. Nach einer halben Stunde ging ich wieder in die Wohnung, ich wollte nichts riskieren. Am Abend trafen wir uns mit Christa, Lea, Kristin und Gusti zum Gassi gehen und wählten eine Wiese neben dem Wald, mit viel Schatten und Wasser. Messina trottete uns gemütlich nach, fraß Gras und ich machte mir nicht mehr so viel Sorgen wie die Stunden vorher. Ihr Fell glänzte in der Sonne, sie nahm Anteil und lief uns schön hinterher.

Das Fressen, das sie danach bekam, wurde allerdings nicht in Windeseile verschlungen, sie ließ sich Zeit und fraß sogar langsamer als Buffy. Dann schlief sie wieder in ihrem schwarzen Kuschelbett. Ich hoffe von ganzem Herzen, dass sie diesmal nicht, so wie im März, scheinträchtig wird. Vielleicht bleibt ihr das erspart. Ich hänge sehr an dieser tollen Hündin, die alle Menschen verzaubert.
DANKE

Messina wartet auf Buffy

Bei unserer heutigen Morgenrunde fielen meine beiden immer etwas weiter zurück. Zu gut waren die Gerüche und auch das Eichkätzchen musste gejagt werden. Ich sah immer wieder nach ihnen, wollte auch ein Auge auf Messina haben, denn sie ist immer noch läufig. Doch es war alles gut.

Sie war zwischen mir und Buffy, ihr Körper und der Kopf zeigte in Buffys Richtung. Sie lief allerdings erst zu mir, als sich auch Buffy wieder in Bewegung setzte. WOW. Dies beobachtete ich nun schon dreimal. Und die Menschen fragen mich immer noch, ob Messina nicht doch etwas sieht. Es ist unglaublich wie sie sich gibt und manchmal könnte man es tatsächlich denken.

Nun habe ich sie ein knappes halbes Jahr und immer noch bin ich erstaunt, erfreut und sie erwärmt mein Herz unendlich. Wenn Messina am Boden schläft, natürlich mitten im Weg, und Mieze Flöckchen vorbei geht, bleibt er an ihrem Kopf stehen, schnuppert an ihren Ohren und

Messina zuckt dann mit diesen. Sie bewegt sich keinen Zentimeter und wenn sie auf ihrem runden Bettchen liegt, schiebe ich dieses hin und her und sauge um sie herum. Sie hat die Ruhe weg, immer und immer wieder.

Seit sie läufig ist, ist Buffy ganz anders zu ihr. Buffy forderte sie sogar auch einmal zum Spielen auf, doch da Messina diese Körpersprache nicht sah, kam es leider zu keinem Spiel. Aber auch zu keinem Streit, was gut war.

Ich merke immer mehr, dass beide nun „wissen", dass sie zusammen gehören. Das ist ein neues, herrliches Gefühl.

DANKE

Ich trag sie durch das tiefe Wasser

Ein erneuter Ausflug nach Augsburg stand bevor. Ich war etwas nervös, weil es wieder sehr heiß werden sollte, doch da ich nun wusste, wie Messina auf die Wärme reagiert, reagierte auch ich. So liefen wir nach dem Frühstück, als die Temperaturen noch erträglich waren, eine wunderschöne Runde in der Wolfszahnau. Neben einem Bachlauf, im Wald, viel Schatten, bis zum ersten Kontakt mit dem Wasser. Es war einfach nur herrlich, die Füße und die Pfötchen im Wasser zu planschen. Der Weg ging durch einen herrlichen Wald bis zu der Spitze, an der Fluss Wertach und der Lech zusammen fließen. Eine wunderbare Landschaft, und weil es noch nicht einmal Mittag war, waren wir alleine und konnten dementsprechend die Hüllen fallen lassen und das herrliche kühle Nass genießen. Buffy ging das Wasser zum Teil bis über den Bauch, doch sie folgte mir. Messina war nicht zu bewegen, sich soweit in das Wasser zu trauen, doch ich wollte sie bei mir haben, denn die Kiesinsel war wunderbar flach und ich wusste, dass es uns Freude bereiten würde. So hob ich sie hoch und trug sie die knappen zwei Meter durch das tiefere Wasser ins seichtere. Sie hatte soviel Vertrauen, dass sie nicht einmal zappelte, sondern ganz ruhig in meinem Arm blieb.

Sie suchte immer wieder den Kontakt zum Wasser und wir genossen es sehr. Zurück trug ich sie selbstverständlich auch wieder. Der Weg zum Auto verlief im Wald, er war verwachsen, eng, einige Wurzeln und umgestürzte Bäume, doch Messina lief zum Teil sogar voraus. Sicherheitshalber ließ ich sie an der Leine, denn das gab ihr noch mehr Sicherheit.

Als wir bei meiner Schwester im Haus ankamen, wollte und durfte sie sofort ins Haus. Sie legte sich auf ihr mitgebrachtes Handtuch und schlief sofort ein. Zwischendurch wollte sie zwar immer wieder zu uns nach draußen, doch oft durfte sie das nicht, ich wollte, dass sie zur Ruhe kommt. Erst am Abend, als die Sonne weg war, holte ich sie zu uns nach draußen. Die Nacht war ruhig und wir alle waren wohlig müde und erschöpft von dem heißen, aber wunderschönen Tag.

Am Sonntag war die Hitze auch wieder sehr arg, so entschlossen wir uns in den Wald zu fahren, in der Hoffnung, dass der Regen einige Pilze hat sprießen lassen. Buffy wurde an die Leine genommen, Messina durfte frei laufen, so konnte sie selbst entscheiden, wie sie die

Hindernisse meistern wollte. Nach ein paar Metern liefen wir quer durch den schönen Wald und Messina folgte uns aufs Wort in ihrem gemütlichen Tempo. Wir Menschen staunten, wie toll sie all das meisterte. Später im Auto war es sehr heiß, doch wir ließen den Fahrtwind durch die geöffneten Fenster und der Lech mit seinen herrlichen Kiesbänken war nicht weit entfernt. Allerdings war der Abstieg von der Straße nach unten sehr steil und meine Schwester dachte nicht, dass auch das Messina so hervorragend schaffen würde. Ich ging voran, lockte Messina und Pfötchen für Pfötchen schaffte sie die paar Meter nach unten. Wunderbares Wasser empfing uns und Messina, und Buffy natürlich auch, wurden nicht müde zu trinken und die Pfötchen zu kühlen. Das musste ich den beiden natürlich nachmachen und zog meine Schuhe aus.

Der Aufstieg zur Straße war schwierig, doch auch das schaffte Messina auf das zweite Mal klasse. Es ist so unglaublich wie sie mir folgt, alles mitmacht und nicht umkehrt. Ich beobachtete sie sehr genau, doch sie war nicht müde oder erschöpft, denn der Schatten und das Wasser taten ihr sehr gut.

Als wir wieder im Haus waren, wollte sie nicht gleich schlafen und zu uns in den Garten, doch sie durfte das nicht. So bekamen beide einen Zahnputzknochen, Buffy im Garten, Messina auf ihrem Handtuch. Dann legte sie sich ab und schlief Gott sei Dank ein.

Am frühen Nachmittag fuhr ich wieder zu mir nach Hause, die Klimaanlage auf höchster Stufe, damit die beiden Hündinnen die Fahrt gut überstehen. Der Abend in meiner Wohnung wurde verschlafen und am späten Abend gingen wir noch eine schöne Runde. Der Abend war lau, die Luft herrlich und die beiden Fellnasen konnten sich noch etwas bewegen.

Ich ließ die Tage Revue passieren und war froh, aus der letzten Situation gelernt zu haben. Auch wenn sich Messina damals scheinbar wohl fühlte, auf dem Rasen, im Schatten auf der kühlen Erde, so tat ihr das nicht gut. Nun wollte ich sie beschützen, dass es ihr nicht wieder schlecht geht und das ist mir gelungen und ich denke, dass die Unternehmungen, trotz Hitze, für alle Beteiligten schön waren.

Eine wieder mal unvergessliche Zeit, ein wunderschönes Wochenende, das uns lächeln und staunen ließ. Viel Freude wurde uns zuteil, dank meiner zwei Fellnasen. Sie sind wunderbar.

DANKE

Blick nach oben in mein Gesicht

Mittlerweile bleibt Messina immer stehen wenn ich sie anspreche, kommt direkt neben mich und sieht zu mir hoch. Wenn sie mich mit ihrer feuchtkalten Schnauze anstupst, sich lautstark bemerkbar macht wenn sie hungrig ist, in ihrem Bettchen liegt, und, wie noch nie zuvor, tief schläft, träumt und schwer atmet, weiß ich, dass sie angekommen ist. Nur noch selten schreckt sie im Schlaf hoch, brummt und wird für einen kurzen Moment zur Furie, doch diese Schrecksekunden sind bald vorbei und sie schläft wieder ein.

Nun sind es sechs Monate, dass sie bei mir ist, und ich verliebe mich immer mehr in sie.

Für Euch, meine lieben Leserinnen und Leser, endet hier ein Abschnitt von Messinas Leben. Hier enden zwar die Erzählungen, doch nicht mein Erlebtes. Messinas Geschichte wird weitergehen, tagtäglich wird sie mich erfreuen und staunen lassen. Immer wieder werde ich mich an ihr und an meiner Buffy erfreuen.

Ich bin allen Menschen dankbar, die mir bisher begegnet sind und die sich in Messina verliebt haben. Sie hat viele von Euch zum Lächeln und Staunen gebracht. Es wird, so lange Messina lebt, auch kein Ende nehmen, davon bin ich überzeugt. Zu sanft ist ihre Seele, zu gut meistert sie ihr blindes Leben.

Danke, dass sie bei mir sein darf.

Da ich mich sehr für den Tierschutz engagiere, habe ich mir keinen Lektor geleistet. Sollten sich Fehler in dem Geschriebenen befinden, erfreut Euch an der Geschichte und ignoriert die Fehler.

DANKE

Die Autorin

Xandra Lottner wurde 1964 in der Oberpfalz geboren und lebt seit vielen Jahren in Franken, Nähe Nürnberg. Zu ihr gehören die Hündinnen Buffy und Messina, Katze Emona und Kater Flöckchen. Gerne dürft Ihr sie unter folgender eMailadresse kontaktieren: lottnerxandra@googlemail.com oder auf Facebook besuchen: Xandra Lottner

Der Verlag

> *Wer aufhört besser zu werden, hat aufgehört gut zu sein!*

Basierend auf diesem Motto ist es dem novum Verlag ein Anliegen, neue Manuskripte aufzuspüren, zu veröffentlichen und deren Autoren langfristig zu fördern. Mittlerweile gilt der 1997 gegründete und mehrfach prämierte Verlag als Spezialist für Neuautoren in Deutschland, Österreich und der Schweiz.

Für jedes neue Manuskript wird innerhalb weniger Wochen eine kostenfreie, unverbindliche Lektorats-Prüfung erstellt.

Weitere Informationen zum Verlag und seinen Büchern finden Sie im Internet unter:

www.novumverlag.com